湖畔诗文丛刊

杏林撷英

刘小勤 等 著

中国书籍出版社
China Book Press

图书在版编目（CIP）数据

杏林撷英/刘小勤等著. —北京：中国书籍出版社，2021.7
ISBN 978-7-5068-8340-5

Ⅰ.①杏… Ⅱ.①刘… Ⅲ.①高等学校—思想政治教育—教学研究—中国 Ⅳ.①G641

中国版本图书馆 CIP 数据核字（2021）第 022197 号

杏林撷英

刘小勤 等 著

责任编辑	毕 磊
责任印制	孙马飞 马 芝
封面设计	中联华文
出版发行	中国书籍出版社
地　　址	北京市丰台区三路居路 97 号（邮编：100073）
电　　话	（010）52257143（总编室）　（010）52257140（发行部）
电子邮箱	eo@chinabp.com.cn
经　　销	全国新华书店
印　　刷	三河市华东印刷有限公司
开　　本	710 毫米×1000 毫米　1/16
字　　数	190 千字
印　　张	16
版　　次	2021 年 7 月第 1 版
印　　次	2021 年 7 月第 1 次印刷
书　　号	ISBN 978-7-5068-8340-5
定　　价	95.00 元

版权所有　翻印必究

目 录
CONTENTS

思想理论篇

基于人类命运共同体视角的全球核安全治理体系构建 …………… 3

逆全球化现象解析与中国应对之道 ……………………………… 26

能源安全视域的中缅油气通道建设 ……………………………… 43

生态安全视阈下的云南少数民族地区生态文明建设 …………… 55

基于生态安全视域的云南少数民族贫困地区脱贫路径研究

  ——以怒江州为例 …………………………………………… 67

基于生命权视域的农民工职业健康权制度伦理构建

  ——以云南昭通地区水富县农民工为例 ………………… 83

人文篇

生命教育：医科大学生职业精神教育的核心内容 ……………… 97

从唯科学主义到科学教育与人文教育的整合 …………………… 106

汤姆·雷根动物权利理论的哲学辨析 …………… 115
生命的诘问
　　——《妞妞：一个父亲的札记》哲学意蕴解读 …………… 123
寂寞的行走者
　　——亨利·梭罗《瓦尔登湖》生态意蕴解析 …………… 136
绝望与荒谬的抗争
　　——关于阿尔贝·加缪《鼠疫》的解析 …………… 149
医患关系视域的《癌症楼》 …………… 163
医疗实践中的语言暴力现象 …………… 182
荒谬与疏离：现实世界的人生写照
　　——关于阿尔贝·加缪《局外人》的意蕴解析 …………… 190
道德、法律、历史的三重诘问
　　——关于本哈德·施林克《朗读者》的解析 …………… 202
关于《面纱》的意蕴解读 …………… 215

生活杂感篇

见字如面：两代人与《世界知识》的故事 …………… 227
电梯里的高邻们 …………… 231
冰火两重天：美国人运动面面观 …………… 234
走马观花看美国
　　——美国公路文明侧记 …………… 238
猫　逝 …………… 241

后　记 …………… 246

思想理论篇

鳶が生鷹を

基于人类命运共同体视角的全球核安全治理体系构建*

21世纪以来，国际社会面临着传统安全与非传统安全相互交织、此起彼伏的形势，核安全作为全球治理的重要组成部分之一，则是国际社会的共同责任。本文在回溯全球核不扩散机制的发展、演化过程的基础上，解析美国等西方国家主导下全球核安全治理的缺失，中国针对当前的核安全形势，积极参与全球安全治理，在人类命运共同体理念的指导下，以其厚重的文化底蕴、全新的发展理念、全面的安全内涵，为构建核安全命运共同体，为全球核安全治理的发展和完善提供建设性方案。

一、人类核安全命运共同体的提出

当今世界，国际安全形势变化莫测，各类安全问题层出不穷，国际社会面临着传统安全和非传统安全相互交织、相互渗透的复杂安全形

---

* 本文为刘小勤与李阳阳共同撰写。

势，严重影响世界和平与稳定。在全球化背景下，各国越来越认识到核安全是一个全球性问题，一旦出现危机，没有哪个国家可以独善其身。"9·11"事件之后，全球核扩散、核恐怖主义问题凸显，国际社会对核安全问题越来越重视。在共同的需求和利益下，安全也已成为国际社会的共同事务，核安全作为全球治理的重要组成部分之一，则是国际社会的共同责任。安全无国界，中国一直高度重视核安全问题，2016年4月，习近平主席在华盛顿核安全峰会上提出"在尊重各国主权的前提下，所有国家都要参与到核安全事务中来，以开放包容的精神，努力打造核安全命运共同体"。2017年12月，习近平出席中国共产党与世界政党高层对话会开幕式，发表题为《携手建设更加美好的世界》的主旨讲话中强调，"我们要努力建设一个远离恐惧、普遍安全的世界"。2019年9月，国务院新闻办公室发表了《中国的核安全》白皮书，其中第六点明确提出打造核安全命运共同体的倡议，体现了中国维护全球核安全、打造核安全命运共同体的决心和行动。

就人类命运共同体的思想渊源来看，"命运共同体"一词，植根于中国传统文化的深厚土壤，体现了传统文化中所蕴含的世界大同、以和为贵等重要的价值观念，并为其注入了新的时代内涵。一方面，"天下为公"政治观是中国古代贤明君主所追求的政治理想，是近代先进思想家批判封建制度的有力武器，人类命运共同体理念正是继承了其精粹，倡导人类社会的整体利益重于个别国家、族群的利益，强调义理协调、义利兼顾，在出现义利矛盾时，以"义"为重，彰显了中国负责任的大国形象，为打造人类命运共同体提供了重要的道义指导原则。另一方面，"天人合一"宇宙观是中国传统哲学的基本精神，强调的不仅仅是人与自然的和谐统一，也包含着人与人、人与社会的和谐统一，这正是人类命运共同体的要义所在，将人类社会看作一个整体，你中有我、我中有你，彼此交融共生，每个国家的发展都与其他国家的和平发展要务息息相关，互为前提、相互依赖，共同推进全球事务的发展。

人类命运共同体理念扎根于中国长期坚持奉行的和平共处五项原则的外交理念与实践之中。人类命运共同体的提出，是对中国长期以来和平外交实践经验的升华，对和平外交理念的传承，表明了中国致力于推动建设持久和平、共同繁荣的和谐世界的决心。人类命运共同体理念的提出，是对世界先进文明成果的吸收与借鉴，坚持从正义概念出发，倡导包容世界各民族之间的差异性，并试图建立人类社区的观念，简要来说就是一种以人类为本、以世界为本的理念。在人类命运共同体理念的指导下，中国在全球核安全治理中形成了一系列中国理念、中国方案和中国倡议，核安全命运共同体思想以其厚重的文化底蕴、全新的发展理念、全面的安全内涵，为构建核安全命运共同体提供经验，为全球核安全治理的发展提供建设性方案，核安全命运共同体是中国对全球治理模式一个全新的探索与实践。

二、全球核不扩散体制的形成与演变

（一）二战尾声阶段核爆的反思

2018年，美国女作家苏珊·索萨德所著的《长崎：核劫余生》由上海社会科学出版社公开出版。这本书的出版、发行，使得公众对于原子弹轰炸的历史记忆变得不再那么遥远、模糊而抽象，正如作者所说："被爆者在蘑菇云下的经历可以使我们对核爆有着更真切的体会，而不是泛泛而谈。"该书使人们再次重温核武器曾经给人类带来的恐怖记忆。

1945年8月6日，美国把刚生产成功的铀弹"小男孩"投掷到广岛；1945年8月9日，一枚名为"胖子"的钚弹从天而降，在长崎上空爆炸。在人类历史上，核武器第一次被投入到实战领域，其带来的影响是重大而深刻的，标志着人类社会由此进入了核时代。一方面，原子弹作为人类历史上从未使用的一种武器，其杀伤威力远远超过其他武器，彻底击碎了日本军国主义者负隅顽抗的迷梦；另一方面，由于核武器的使用，核辐射、热辐射、冲击波带来的巨大冲击和杀伤力，远远超过了人类的想象。苏珊·索萨德通过大量走访、调查工作，发现核爆幸存者在侥幸躲过瞬间的核爆袭击所带来的巨大伤害后，还不得不长期面对剧烈的肉体痛苦和深刻的心理创伤。挥之不去的痛苦贯穿了幸存者们被核战争撕裂的个人生活历程。那些亲历核爆及其后果的幸存者，哪怕是已到了风烛残年，脑海中依然深深铭刻着遭受核爆毁灭性袭击的恐怖记忆。他们成为人类历史上遭遇的唯一一次核爆袭击仅存的鲜活证据。

揭开历史的烟尘，我们依然可以清晰地感受到核爆对日本国民心理的重创；而在战后，日本无论政府抑或民间组织年复一年举行重大纪念活动，一遍又一遍讲述其遭遇核爆打击的灾难历史，向国际社会展示其所谓"战争受害者"形象时，绝不应该淡忘，正是日本侵略者蓄意策划、不断扩大的侵华战争，把中华民族推进了苦难的深渊；侵华日军一手制造了"南京大屠杀事件"等一系列重大惨案，给中华民族带来了深重的灾难，成为中华民族集体记忆中永恒的创痛。

(二) 全球反战反核思潮的兴起

第二次世界大战后，久经战乱、饱尝流离动荡之苦的各国人民渴求享受安宁、和平的幸福生活，对战争带来的罪恶与灾难不断进行深入反思，如何真正避免人类相互残杀、自我毁灭的历史悲剧重演，使得世界各国和平民主的力量得以空前壮大。一些国家的领导人和知名科学家四处奔走呼吁,以反战反核为主旋律的和平运动成为不可阻挡的世界潮流,要求禁止和销毁核武器、反对战争成为世界各国人民的强烈呼声。

美国作为人类历史上第一个研制、生产核武器,也是世界上唯一一个在实战领域使用核武器的国家,在对日本实施核爆攻击之后,曾经陷入强大的国际、国内舆论质疑与批评的压力之下。一些直接参与核武器研制、生产的科学家们则纷纷陷入巨大的痛苦自责中,并开始思考如何限制核武器及和平利用原子能问题。美国曼哈顿工程最初的倡导者之一、世界科学巨擘——爱因斯坦把1939年8月2日这一天视作他一生最后悔的日子,正是因为这一天他致信美国总统罗斯福,最终促使总统下定决心启动"曼哈顿工程"计划,与纳粹德国展开一场核武器研制、生产的危险竞赛;美国"核弹之父"奥本海默在与杜鲁门的会晤中曾泪流满面地声称自己的双手沾满了鲜血;1945年英国哲学家罗伯特·罗素在英国上院的一次演说中不仅预测到了氢弹可能具有的巨大破坏力和对人类文明的威胁,而且建议西方和苏联的科学家们应该合作,建立国际控制体系。1947年2月,爱因斯坦写信给原子科学家紧急状态委员会,试图筹集100万美元经费以开展核不扩散教育,防止核武器扩散。后来,以罗素和爱因斯坦为首的科学家们成立普格瓦什科学和世界事务会议,专门讨论大规模的杀伤性武器对人类社会的威胁。

科学家们对核武器和核战争危险性的认识和理解,对反战反核运动的推动,得到了广泛的关注和报道,唤醒了世界各国人民对战争与和平问题的关注和思考。1949年举行第一次世界和平大会,其宗旨是禁止原子弹,得到了全世界和平人士的积极响应,不少国家开始建立新的和平组织,开展大规模的反战或反核的和平运动。第二次世界和平大会于

1950年11月在波兰的华沙举行,其最大成果就是决定成立世界和平理事会,将广大和平爱好者组织起来,及时交换情报、协调行动。世界和平理事会的宗旨是动员全世界一切爱好和平的力量维护世界稳定,在20世纪50年代,其在团结世界和平力量、反对战争、反对核武器和核军备竞赛方面产生了积极影响。数十年间,各种按行业、国家和地区、科学研究领域以及宗教团体组成的和平组织遍布世界各地,仅美国就有2000多个。[1] 科学家们的反思和忏悔,表露出对核武器使用带来的大量人员伤亡、环境破坏的强烈担忧和不安,对核武技术运用带来人类生存和发展困境深刻反思的人道主义情怀,由此演化为全球核不扩散机制的思想文化根源。而大量国际和平组织的创建以及国际知名和平人士积极奔走,在国际社会中营建了反战反核的和平氛围,最终通过美、英等国政治家的共同努力,以缔结国际条约的方式得以规制化、法制化,促成了全球核不扩散机制的构建。

(三) 全球核不扩散机制的制度构建

1968年7月1日,美国和其他国家签署了《不扩散核武器条约》(Treaty on the Non-Proliferation of Nuclear Weapons, NPT)。在1995年条约有效期即将到来之际,参加审议的178个国家一致同意将该条约无限期延长,在当前国际社会中,《不扩散核武器条约》成为拥有成员国最多的多边国际条约,这一条约成为自从核武器开发以来最成功的国际裁军协定。现有的国际核不扩散机制以《不扩散核武器条约》为核心,与此前后相续通过的《部分禁止核试验条约》(1963年)、《外层空间条约》(1967年)、《全面禁止核试验条约》、《核转让准则》、《触发清

---

[1] 潘振强. 国际裁军与军备控制 [M]. 北京:国防大学出版社,1996:405.

单》、《核材料实物保护公约》等一系列国际条约、协定，相继建立了国际原子能机构、桑戈委员会、核供应集团等国际组织。《不扩散核武器条约》是国际核不扩散机制形成的法律基石，而国际原子能机构则是负责对各国履行核安全义务进行监督、核查的国际机构，并通过"核出口俱乐部"来确保各国核安全保障和监管。

1995年5月11日，联合国审议和延长大会最终以协商一致的方式通过了《不扩散核武器条约》无限期延长的决议，显现出国际社会维护全球核不扩散机制的权威性和严肃性的一致愿望。在过去的数十年中，核不扩散机制不断发展壮大，各种防核扩散的措施也不断趋于完善、严格和强化。在防核扩散的问题上，"各国共同安全的意识不断增强，（各国注意到）核扩散不是对于哪个国家的安全威胁，而是对整个世界和平的威胁，是对全人类生存和发展的威胁"[①]。核不扩散机制的构建，使国际社会能够在联合国的架构内，对某些国家的核倾向、核企图以合法的名义采取政治施压、经济制裁等相应的强制措施，客观上使得获取核武器成为一项难度更大、成本更高、时间更长的艰难工程，从而减缓了全球核扩散的速度，缩小了核扩散的范围，促使一些具有核能力的国家在研制、生产核武器的道路上或自觉、或被动地采取较为理性和克制的态度。

从规制设计的角度看，核不扩散机制仍存在重大的制度设计漏洞，主要表现为：首先，《不扩散核武器条约》的基本宗旨是防止核武器的横向扩散。有核国家、无核国家的权利义务关系并不对等，对于无核武器国家来说，该条约是一项关于放弃核武器选择，把和平核设施置于国

---

① 王仲春. 核武器核国家核战略 [M]. 北京：时事出版社，2007：435.

际原子能机构的国际监督、保障体制之下以及为和平使用核能技术提供权利保障的协定；对于核国家来说，该条约意味着是一项停止核军备和争取核裁军的保证。"按照条约的规定，核武器国家和无核国家承担的义务是不对等的，因此条约对于无核国家具有歧视性"①。其次，核不扩散机制为各国提供的安全保障制度缺乏法律的约束力。《不扩散核武器条约》中缔约国多次试图获得来自核国家具有法律约束力的安全保证的努力始终没有成功。无核国家在获得有核国家对无核国家不能随意使用核武器的承诺之后，依然面临着国家安全感严重缺失的问题。在国际社会中，对一些无核国家而言，安全感缺失的原因不仅在于受到与其敌对的强大核国家的威胁，也有来自敌对国拥有的常规军事能力威胁的问题。在冷战结束后，个别军事强国肆意对他国实施军事打击、动辄进行武力干涉，在恶化了国际政治秩序和国际安全环境的同时，也明显刺激和强化了一些国家的拥核意愿。由于不扩散机制内缺乏对无核国家有力的安全保证制度，难以消除一些国家发展核武器的动因，这也是造成核不扩散机制陷入困境的主要原因所在。第三，由于《不扩散核武器条约》机制存在缺失，一些国家利用相关条款形成了对核不扩散机制的直接挑战。例如，《核不扩散条约》第十条规定："每个缔约国如果断定与本条约主题有关的非常事件已危及其国家的最高利益，为行使其国家主权，应有权退出本条约。该国应在退出前三个月将此事通知所有其它缔约国和联合国安理会。这项通知应包括关于该国认为已危及其最高利益的非常事件的说明。"2003年1月，朝鲜宣布退出《不扩散核武器条约》，借此摆脱了国际原子能机构安全保障条款。此后，朝鲜先后

---

① 王仲春. 核武器核国家核战略［M］. 北京：时事出版社，2007：231.

进行 6 次核试验，不仅加剧了朝鲜半岛紧张局势，也对国际核不扩散机制造成严重冲击，直接构成了对国际和平与安全的潜在威胁。在美国看来，"伊朗和朝鲜的核野心严重削弱了《不扩散核武器条约》的地位，也给美国和国际社会的安全带来十分严重的消极影响。"①

（四）美国在全球核不扩散机制架构与维护的双重角色

应该看到，美国在全球核不扩散机制构建和维护不扩散体制方面发挥的作用是双重的、充满矛盾的，当前国际核秩序在形成、构建之初就是由美国一手主导之下创建的，在核不扩散机制相关议题设定、议程安排、规制建立方面发挥了不可否认的积极作用。而一旦发现与美国对外政策目标背离，与其霸权战略、地缘政治或盟友关系不相容的时候，美国则不惜采取违背相应国际核秩序的行动，反而进一步加剧了国家核扩散的趋势。

美国对一些国家的拥核动向采取严厉打压的态势，不惜动用外交孤立、经济制裁、军事打击等手段，对另一些国家的拥核事实则采取默许甚至庇护的政策。在矛盾迭生、长期动荡的中东地区，美国长期偏袒以色列，不仅对以色列的拥核事实听之任之，还对以色列研发核武器刺激其他中东地区国家对核武器的欲求只字不提。2005 年，美军曾计划采用钻地核弹对利比亚的大规模杀伤性武器地下设施进行突袭。长期有失公允的外交政策为美国带来的是世界范围内普遍的绝望和仇恨，遍布世界各地的美国大使馆尽管处处有高栏防护和全副武装的警卫包围，但这个拥有着世界上最强大的军事实力的国家，依然难以摆脱内心深刻的恐惧、虚弱与不安。这样一种高度戒备、防范的心理态势反映出美国外交

---

① 杨林坡. 论美国的"核困境"——寻求权利与安全的悖论 [J]. 太平洋学报，2014 (10)：62.

政策的不得人心，难以保证公众和政府的安全感。

美国一方面竭力维持既有国际核秩序，同时又希望借助国际核秩序构建以维护其自身核霸权优势，巩固与盟国关系，打压敌对国家，长期奉行双重标准，美国的防扩散政策是为其推行霸权主义和全球战略服务的，决定了美国既是全球核不扩散机制构建的主导者、倡议者，同时也"扮演了核不扩散机制的破坏者的角色"①。因此，美国主导的国际核秩序长期存在着不公平、不合理之处，不仅直接对国际核秩序的权威性、严肃性形成挑战和冲击，也是造成个别国家长期追求核武器作为国家战略安全保障的重要原因。

三、全球核安全治理体系的构建

（一）冷战格局下美苏主导的全球核裁军进程

"安全困境"概念是新现实主义的理论基础之一，美国学者罗伯特·基欧汉（Robert O. Keohnae）认为，"（在）所有的政治生活中，追求权力和安全是人类的首要动机。"② 在"安全困境"状态下，各国出于安全考虑，竭力将自己全面武装起来以寻求安全保障，当一个国家采取全面强化武装举措的时候，会刺激其他国家由于感受不到安全，试图通过同样手段扩充军备、购置提升武器等措施，在国际社会中便形成了恶性循环的怪圈，"因为保护任何一国安全的手段都是对其他国家的威胁，而后者又转而武装起来作为对前者的反应"③。

---

① 王仲春. 核武器核国家核战略 [M]. 北京：时事出版社，2007：343.
② [美] 罗伯特·基欧汉. 新现实主义及其批判 [M]. 郭树勇，译. 北京：北京大学出版社，2002：278.
③ [美] 肯尼斯·沃尔兹. 国际政治理论 [M]. 胡少华，王红缨，译. 北京：中国人民公安大学出版社，1992：225.

在冷战时期，美国的核军控政策成为与苏联争夺政治优势、军事优势的重要工具之一，与核军备竞赛是对立统一的关系，二者既相互排斥又相互统一。由于美苏双方都把对方视为安全威胁的最大敌人，一方面投注大量政治资源和外交资源，借助核军备控制谈判这一特殊的手段、平台，竭力压缩和限制对方的核优势，另一方面通过核军备竞赛不断巩固、强化自身的核优势。美苏之间核裁军谈判战略时断时续，尽管不乏一系列双边裁军协定的法律文书，在谈判过程中各怀心机，竭力维护和巩固自身的核优势，始终把对方视作最危险、最强大的对手，又力图通过核裁军谈判限制和打压对方的优势，任何一方都不愿意轻易放弃已有的核武器库优势。两国展开几近疯狂的核军备竞赛，在分别建立了世界上最为强大的核武器库后，却不得不面对与其本意背道而驰的现实：本欲准备应对核战争而大肆发展核军备，却由于核力量的不断壮大而双方都不敢轻易发动核战争；意在寻求最强大、最可靠的安全保障，任何一方却无从体会真正的安全保障，而使双方都面临安全感的严重缺失，陷入互为人质的安全困境。

这种通过不断提升自己的核武器装备性能、质量为主要内容以谋取相对权力优势，以削弱对手的权力优势来实现国家的绝对安全并非上策，不仅直接危及相关国家安全甚至危及人类自身生存的地球家园，所以美苏两国必然承载着来自于国际社会要求核裁军倡议的巨大压力。实质上，在美苏之间全球核军备竞赛的影响之下，其他国家被迫出于不同目的、在不同程度上跟上美苏军备竞赛的步伐，客观上刺激了核武器和大规模杀伤性武器在全球范围的扩散。人类始终难以摆脱核战争的阴影，哪怕在冷战结束后，这样的局面依然延续。

（二）冷战后美俄争夺全球核优势的重要手段

随着冷战的结束和苏联的解体，以美苏两极对峙为特征的世界战略格局终于瓦解，经济全球化和政治多极化成为新的世界趋势，和平与发展成为时代主题，为了适应新形势，在新的历史时期占据更有利的地位，美国与俄罗斯开始调整自己的核战略，进一步在世界范围内争夺全球核优势。美国在冷战后的核战略依然沿袭了浓厚的冷战思维色彩，具有强烈的进攻性，谋求和巩固核霸权主义倾向越发明显，俄罗斯不甘心于自身国际地位和战略力量的下降，竭力提升核战略地位。

冷战结束后，美国在实现核领域研制、生产、实战的历史性突破后，始终致力于巩固和提升在全球核领域的优势。从美国国防部先后出台的《核态势评估报告》中，可以从其中找寻到美国争夺全球核优势的踪迹。美国为追求自身绝对安全，坚持奉行核威慑战略，保持"三位一体"核战略，对核武器进行削减采取谨慎态度；以强大的国力和先进的科技优势为依托，大力发展导弹防御系统计划，反导能力持续增强，不仅对中、俄核战略力量构成严重威胁，也给全球核战略稳定性带来严峻挑战；美国军方不断论证战术核武器的实战运用前景，提出美国总统可以威胁使用或使用核报复手段，受到国际社会的强烈谴责。在奥巴马任职初期提出无核世界的理念后，成功实现了抢占在全球核领域的道义制高点的目标。盘点这位获得诺贝尔国际和平奖的美国前总统任期内的表现，美国不仅无意推动《不扩散核武器条约》缔约国审议大会和协商、制定废除核武器的条约，作为世界上拥有最强大的核武库国家地位也没有发生任何实质性改变。现实促使人们必须保持清醒的意识，无核世界依然是一个遥不可及的幻梦理念。

在苏联解体后，俄罗斯的战略力量和国际地位发生了巨大转变，一度出现经济急剧衰落,复苏前景黯淡,由于战略核武器过早地退出现役,核武器库装备补充严重不足,俄罗斯战略核力量急剧下降,在此背景下,开始着力调整自己的核战略,进一步争取全球核优势。1993年,俄罗斯在《俄联邦外交政策构想基本原则》中提出复兴俄罗斯、维护国家利益、树立大国地位的总目标。同年11月,《俄联邦军事学说基本原则》标志着俄罗斯"积极防御"战略的出台,俄政府放弃了"不首先使用核武器"的承诺。1995年下半年,俄罗斯调整了新的军事战略,其核心是实行"现实遏制原则",确定以美国为首的北约是当前俄罗斯最主要的外部威胁。1997年俄政府在《俄联邦国家安全构想》中,对核战略作了进一步阐述,强调俄罗斯要保持足够的核力量,以应付来自外部的安全威胁,当俄遭到入侵时且国家主权受到危害时,保留动用核武器的权利。1999年,面临北约进行新一轮的东扩,以美国为首的西方国家发动了南联盟战争,进一步恶化了美俄关系。在这种情况下,时任俄罗斯总统叶利钦宣布了国家首先使用核武器的权利,准备动用战略核力量来维护本国安全,为了应对美国和北约给俄罗斯带来的挑战,俄罗斯采取了适当增加国防预算,提高军事作战能力,有针对性地进行军事演习等应对措施。2006年,俄罗斯总统普京强调,"核震慑以及军事平衡"依然是俄罗斯核政策的核心。2009年,俄罗斯总统梅德韦杰夫通过新的《俄罗斯联邦2020年前国家安全战略》,确立了"避免全球与地区性战争及冲突"和"实行威慑战略"两大安全目标,此时的威慑是指把"威慑"建立在政治、外交、军事、经济、信息和其他方面。俄罗斯在冷战后所做出的核战略调整,使得俄国核战略地位明显提高,核威慑力度和范围有所扩大,稳定了国内形势,同时扩大了外交空间。

2014年12月,俄罗斯国家安全委员会会议通过了最新版的《俄罗斯联邦军事学说》，依然将"核遏制"作为俄罗斯"战略遏制"奉行的指导方针，将完善和发展核遏制置于优先地位，在俄联邦及其盟友受到核武器和其他大规模毁伤性武器袭击时，继续保留使用核武器进行回击的权利，依靠核力量保卫国家安全，维护国家主权与领土安全。2020年6月，俄罗斯总统普京签署第355号总统令，批准《俄罗斯联邦国家核遏制政策原则》，标志着俄罗斯国家核战略进入了一个全新的历史时期，此次核战略政策增进了俄罗斯军事的透明度和公开度，带有鲜明的防御性特点，在降低了核武器使用门槛的同时，也着重强调了核武器运用的审慎态度。

（三）新时期美国核霸权主义动向

美国在冷战后的核战略依然沿袭了浓厚的冷战思维色彩，具有强烈的进攻性，美国核霸权主义倾向越发明显。美国先后退出相关核裁军条约，进一步冲击战后形成的国际战略核稳定态势。为谋求攻防兼备的绝对核优势，美国积极研发和部署弹道导弹防御系统，并不断开发新一代核武器系统，打破了既有世界核平衡的秩序，必然造成世界核稳定进一步动荡、失衡，对世界和平、地区安全形成新的威胁。

1996年9月10日，《全面禁止核试验条约》（CTBT）在第50届联合国大会通过，所有缔约国承诺不进行任何核武器爆炸或任何其他核爆炸，并承诺不导致、鼓励或以任何方式参与任何核武器试验爆炸。《全面禁止核试验条约》是阻止核武器扩散的栅栏，成为国家核不扩散体系的基本构件①，俄罗斯积极参与了推动全面禁止核试验的进程，并在9月24日条约开放签署当日与其他核国家签署了该项条约。但是，美

---

① 王仲春. 核武器核国家核战略 [M]. 北京：时事出版社，2007：10.

国国会在 1999 年 10 月拒绝批准该条约，事实上增加了核武器横向扩散的风险。《全面禁止核试验条约》作为全球核不扩散机制的重要一环，该条约生效时间后延，意味着恢复核试验的风险也就进一步增大。美国此举不仅使国际核军备控制与裁军进程受到重大挫折，也使得全球核不扩散体制的脆弱性进一步暴露出来。2001 年 12 月 13 日，美国政府不顾国际社会的强烈反对，单方面宣布退出美苏两国 1972 年签订的《关于限制反弹道导弹系统条约》，破坏了美俄之间战略稳定的基石。此后美俄两国在核裁军问题上长期龃龉，导致核裁军进程停滞不前。在 2016 年美国总统竞选的过程中，特朗普公开声称坚持核武器的战略价值，多次强调要维持美国的核大国地位。在就任总统后，特朗普就明确表示要增加 14 亿美元军事费用支持美国的核大国地位[1]，美国国防部在 2018 年 3 月出炉的《核态势评估报告》表明美国依然将核威慑视作美国国家安全事务的核心，进一步扩大了核威慑的范围，再度提升核武器在国家安全的地位，降低了美国使用核武器的门槛，增加了核威慑的目标，威慑手段趋于多样化，美国核政策呈现出更为激进的右转态势。

美国宣布暂停履行《中导条约》后，俄罗斯总统普京在 2019 年 2 月 2 日宣布也暂停执行《中导条约》，作为回应美国的举措，同时下令停止启动有关裁军问题的谈判。美国《时代周刊》发表评论声称，"双方暂停中导条约，可能产生长期后果，重新塑造从欧洲到亚洲的核威胁态势"[2]，引发了全世界范围内普遍的担心。美俄关系未来的发展走向充满了变数，原有的国际核战略秩序被打破，从而把世界拖入一个更为动荡不安的时代。

---

[1] 王政达. 美国对国际核秩序的侵蚀与弱化 [J]. 国际安全研究, 2018 (2): 137.
[2] 张梦旭, 青木, 等. 美俄相继暂停《中导条约》[N]. 环球时报, 2019-02-03.

《中导条约》失效后，美国与俄罗斯两大军事强国频频通过新概念战略武器进行相互威慑，新概念武器严重冲击了过去的战略平衡，让世界陷入了新一轮军备竞赛的大潮。根据条约，美俄要削减本国射程500-5000公里范围内的陆基巡航导弹和弹道型导弹，然而条约失效后，美国开始大胆地研制新型导弹，试射超出《中导条约》限制的路基战术导弹，而俄军现役的伊斯坎德尔-K在试射的射程中也超过了1000公里，美俄新的中导军备竞赛已经开始。美俄双方《中导条约》失效后，双方于2010年签署旨在限制两国保有核弹头数量的《新削减战略武器条约》成为两国间唯一的军控条约，该条约旨在限制美俄两国部署的核弹头和运载工具数量，于2021年到期。在此之前，俄方多次表示愿意不设前提条件延长该条约有效期，然而美方却不为所动，特朗普政府一直在为续约设置门槛，美国新任总统拜登上台后发布声明，美俄两方同意延长《新削减战略核武器条约》5年时间，有效期至2026年2月5日，这一条约的延长意味着美俄将推动双方军控领域对话重回稳定轨道，有助于巩固全球战略稳定。

四、中国对全球核安全治理体系构建的贡献

在当前大国关系发生深刻调整、变化的历史时期，各国核战略也在发生着不同程度的变化，但核战略依然对核国家内外政策走向以及未来国家战略态势的演化、发展依然产生着深刻影响，核武器的大量存在以及核扩散的趋势依然是对世界安全不容忽视的、严重的威胁。

（一）中国积极维护国际核不扩散机制的权威性，推动地区性核问题和平解决

纵观朝核问题凸显于国际社会的二十余年中，中国在朝鲜半岛核问

题中，始终坚持劝和促谈立场，反对朝鲜拥核，反对采取战争手段，避免激化矛盾。在朝美双方矛盾激化、甚至几度滑向战争边缘的时候，中方始终把避免战争、维护和平作为政策的首要出发点。在2018年以来，朝鲜半岛局势呈现出北南双方积极推动关系缓和的态势，其间美国不断对韩国施加影响，始终坚持北南关系缓和与朝鲜核问题挂钩的立场。例如在2018年1月通过举行加强对朝进行制裁的温哥华国际会议，增加对朝实施单边制裁等措施，借以牵制韩朝双方接触，对美朝首脑会谈设置前提条件以及拉拢东亚盟国韩国和日本共同坚持在朝鲜彻底弃核之前，绝不解除对朝鲜极限施压政策的表述等等，都体现出美国始终不放对朝鲜半岛局势进行插手干预的态势。中国作为一个负责任的地区性大国，对积极维护联合国相关机构特别是防核扩散机制的权威性，促进地区安全稳定格局构建显示出积极担当。

为促使伊核问题和平解决，国际社会投入了大量的外交努力，经过十二年的艰苦谈判最终各方达成伊核协议，但是美国时任总统特朗普公开称其为"史上最糟糕的协议"，不断放话要退出伊核协议。在2018年5月公开宣布退出前，法、德两国领导人先后赴美与特朗普会晤，力劝美国转变立场。这个由六国（美、英、法、俄、中、德）共同推动的谈判协议由于美国退出而陷入僵局中。国际社会对美国的任性、草率举动感到震惊，不仅使六国谈判成果付诸东流，也使全球核不扩散机制面临新的阻碍。美国一意孤行退出伊核协议的举动表明，其始终视伊朗为中东政治版图中最大的对手，为确保以色列以核武器为后盾的战略优势，不顾国际道义公然摒弃已签订的协议。伊核协议的签订凝聚了各国领导人、国际法专家、核军控专家十余年的心血、智慧，实属来之不易，而中国在伊核协议谈判过程中，在俄罗斯因克里米亚危机与西方国家关系全面交恶后,为促使伊核协议达成,中国谈判代表多方奔走,积极穿梭、斡旋,始终注意保持与各方立场及时、顺畅的沟通和协调。在核安全领域中,中国在解决伊朗核问题、朝鲜核问题上都展现出作为一个蓬勃发展的地区大国承担更多责任的意愿和行动,是现行国际核不扩散机制秩序重要的维护者和稳定因素。

(二)中国政府始终坚持奉行理性、克制的核安全发展战略

中国在全球核安全治理体系中一直处于相对边缘化的地位,其发展核武器的战略始终保持高度的防御性、稳定性、一贯性,中国发展核武器的目的是为了防御,在于为维护自身国家安全。在冷战时期,中国一直面临一个甚至两个超级大国核威胁,在极端困难的条件下开始发展核武器。正如毛主席所说:"我们现在比过去强,以后还要比现在强,不但要有更多的飞机和大炮,而且还要有原子弹。在今天的世界上,我们要不受人家欺负,就不能没有这个东西。"[1] 中国无条件地承诺不对无核国家和无核地区使用或威胁使用核武器;在核武器发展问题上,始终秉承理性、克制的态度,坚持有效、有限、管用的原则,维持满足自卫防御性需求的最小规模核力量。

早在 1964 年 10 月 16 日晚 22 时,中国政府在向全世界宣告成功爆炸第一颗原子弹的同时,通过发表政府声明强调"保卫世界和平是一切爱好和平的国家的共同职责","中国进行核试验,发展核武器,是被迫而为的","中国政府一贯主张全面禁止和彻底销毁核武器"[2]。在发表声明的次日,周恩来总理在致各国首脑的信中再次阐述了中国政府的主张,并向各国政府郑重倡议:"召开世界各国首脑会议,讨论全面

---

[1] 毛泽东. 毛泽东选集·论十大关系 [M]. 北京:人民出版社,1979:320.
[2] 王仲春. 核武器核国家核战略 [M]. 北京:时事出版社,2007:213.

禁止和彻底销毁核武器的问题。"① "中国自拥有核武器的第一天起，就做出了不首先使用核武器的庄严承诺，充分体现了中国核政策的防御性和自卫性。"②

由于不满美俄等国在全面核裁军进程中的消极态势，一些非政府组织积极奔走，最终促成了《全面禁止核武器条约》在2017年7月7日获得通过，当时全球124个无核国家共同参与大会，以122票赞成、1票弃权1票反对获得通过。中国政府作为世界范围内最早提出全面禁止和销毁核武器的国家，在认同无核国家提出禁止核武器主张有其合理性的同时，也强调如果无视相关国家切实的安全保障要求，必然会招致全球核不扩散进程受阻。在全球范围内全面核裁军进程，必须循序渐进予以推进，如果抛开原有国际核扩散机制另起炉灶，势必对业已形成的国际核不扩散机制形成新的冲击。

（三）中国在构建全球核安全治理体系中积极做出新贡献

人类社会发展至今，寻求安全与发展是亘古不变的课题。长期以来，美俄两国始终处于全球核安全体系的主导地位，随着核安全态势的发展演变，美俄斗争日趋激烈，全球核安全治理面临的问题与挑战不断增多，远非个别国家或个别利益集团能单独应对，如何积极吸纳广大发展中国家共同参与，实现全球核安全治理体系共建、共享的目标，成功为国际核安全领域共同面对的重大课题。

"命运共同体"是中国政府在新时代外交理论与实践创新方面的一面崭新的旗帜，"命运共同体"建设不仅"是推动地区经济社会发展的

---

① 北京国际战略问题学会. 世界军备与裁军简明手册［M］. 北京：军事谊文出版社，1986：1.
② 王仲春. 核武器核国家核战略［M］. 北京：时事出版社，2007：208.

新模式，正在以全新的视角构建国际合作和国际新秩序"①。中国政府倡导的命运共同体意识是一个由国内走向国际的演化、发展历程，从习近平总书记提出"中华民族命运共同体"，到与东盟领导人会晤时提出"东盟命运共同体""亚洲命运共同体"到"人类命运共同体"的提出，并不是"命运共同体"概念外延的简单扩展，它反映了中国领导人在着眼国内经济社会发展事务、亚洲周边国家关系以及全球治理视野的逐步扩展，反映出我国领导人从国内民族和谐共谋发展，到经营周边睦邻友好关系，再到关乎全人类共同发展的前途和命运等一系列重大课题理性思考的逐次推进、深入。党的十八大报告提出"合作共赢，就是要倡导人类命运共同体意识"，这是人类命运共同体理念首次载入中国共产党的重要文件，并成为新时代中国参与全球安全治理的重要指导思想。2016年3月31日，第四届全球核安全峰会在华盛顿举行，此次峰会进一步讨论各国面对核恐怖主义威胁的应对措施以及加强全球核安全治理体系的构建，国家主席习近平出席此次峰会并发表讲话，首次向世界提出了构建人类核安全命运共同体，表明中国领导人站在前所未有的历史高度、以空前宏阔的国际视野，推动全球核安全体系构建取得的巨大进展。

　　构建人类核安全命运共同体彰显了一种全新的集体安全观，倡导一种实现国际社会全面的、整体的、可持续的、永久的安全理念，它不局限于谋求个别国家或少数利益集团狭隘的安全体系建立，而是努力寻找国际社会中最大公约数的安全保障，不论国家大小、国力强弱，其安全与发展的权益均应得到有效的维护、尊重、保障。在当前国际政治经济

---

① 王灵桂. 周边命运共同体：推动世界经济社会发展的新范式，王灵桂，赵江林."周边命运共同体"建设：挑战与未来［M］. 北京：社会科学文献出版社，2017：1.

格局中，不容否认，"在以国家利益为主导的现实国家关系中，没有利益的共同体就难以有命运的共同体"①。核安全命运共同体的提出，不仅基于核问题本身成为影响人类安全与发展的现实威胁，也是当前国际社会全球核治理体系构建的重大问题。核安全命运共同体体现了安全与发展的兼容，积极寻求人类共同安全利益和发展共同价值的新内涵。

构建人类核安全命运共同体体现了安全与发展的兼容发达国家与发展中国家不同发展需求，具有包容性、平衡性的发展观。核能作为一种高风险、高回报的资源，也是目前发展技术最为成熟的、应用前景最为广泛的清洁能源，无论朝鲜或伊朗均应享有拥有和平利用核能的权利。伊朗作为世界第四大石油出口国，尽管石油出口带来相对丰厚的收益，但由此造成的环境污染问题不容忽视；加上近年来伊朗人口呈现激增态势，石油资源消耗前景堪忧。核能利用和发展也伴随着放射性物质释放和污染的风险，如何严格管控、妥善利用，成为国际社会共同面对的课题。

构建核安全命运共同体强调妥善处理防核扩散与和平利用核能技术之间的关系，在确保各国和平利用核能权利的前提下，加强国际合作与交流，使各国和平利用核能的技术置于相关国际机构的有效监督、保障体制之下正常开展。朝鲜由于受到美国等西方国家长期经济制裁的影响，自身资源严重短缺，长期面临电力供应紧张的问题，不仅工农业用电短缺，甚至影响了首都平壤居民的生活用电。朝鲜在2017年完成"核武伟业"后，转而在2018年积极寻求朝鲜半岛南北关系解冻，此后快速推动南北关系发展，朝鲜领导人金正恩在实现了与特朗普的首次

---

① 王俊生.中国周边命运共同体构建：概念、内涵、路径，王灵桂，赵江林."周边命运共同体"建设：挑战与未来[M].北京：社会科学文献出版社，2017：47.

历史性会晤，以共同签署联合宣言的形式确立实现朝鲜半岛无核化目标。2019年，举世关注的第二次金特会高调开场，却以草草收场的方式宣告结束，双方领导人不欢而散。回溯朝美关系的历史轨迹，表明当前朝美双方互信度仍然很低，在朝鲜核问题上双方显然存在着弃核具体内容、时间、方式等诸多实质性争议和分歧。但是对于朝鲜来说，通过切实的弃核行动争取赢得一个相对宽松、友好的国际环境，实现促进国内经济社会发展的同时惠及民生福利，显然是符合世界和平与发展的主流，也是符合朝鲜人民自身利益的不二选择。

在全球核安全治理过程中，中国在人类命运共同体理念的指导下，已成为积极的参与者和重要的推动者，并为全球核安全治理贡献富有中国智慧的新方案。人类命运共同体为中国参与全球核安全治理指明了奋斗方向。人类命运共同体回答了新时期应该怎样构建一个和平发展的人类社会的问题，命运共同体理念将人类社会看作是一个共同体，全球核安全治理体系的构建要靠合作来实现。中国政府在人类命运共同体思想的指导下，以"共同、综合、合作、可持续"的新安全观为导向，积极参与全球核安全治理，为国际社会的共同安全承担了大国责任。人类命运共同体为中国参与全球核安全治理提供了理论基础。中国领导人习近平提出的核安全命运共同体概念，倡导以相互包容、相互理解、一体化为主旋律，以共商、共建、共享为目标的构建全球人类命运共同体，不仅准确把握了人类社会发展过程中面临的核问题，对世界各国来说都是与国家安全利害攸关的重大问题的实质，也深刻揭示了在应对全球防核扩散、打击核恐怖主义是各国关切的共同利益所在，只有切实保障各方安全需求、发展需求的合理性，才有可能真正实现长治久安。人类核安全命运共同体的提出，不仅是人类命运共同体理念在安全领域的重要体现，也是营造公道正义、共建全球共享安全格局的必要条件，更是中国政府领导人构建全球核安全治理体系的重大创举，是中国对世界和平所做的新贡献。

逆全球化现象解析与中国应对之道*

经济全球化为世界开辟出了一条共同繁荣之路。在经济全球化深入发展的同时,"逆全球化"浪潮也随之而来,近年来呈现出愈演愈烈之势,成为阻碍全球化发展的一道屏障。本文通过分析马克思世界历史理论,表明经济全球化发展是一个不依人的主观意志转移、不可阻挡的历史趋势,并根据经济全球化的主要表现、进程以及当前面临的种种困境,为应对"逆全球化"浪潮,中国与国际社会共同携手,进一步推动经济全球化的可持续发展。

2008年世界金融危机爆发后,全球经济增长乏力,各国经济发展动力严重不足,世界贸易总量不断萎缩,贫富差距进一步拉大,这使得一些发达国家将经济持续低迷的矛头直指全球化。当前"逆全球化"思潮愈演愈烈,不仅是对全球规则的公然蔑视与破坏,更会使世界人民质疑全球化的巨大成果。纵观全局,全球化发展至今,其带来的影响是

---

* 本文为刘小勤与李阳阳共同撰写。

利大于弊的。

一、"逆全球化"政策的挑战加大

近些年来，以美国为首的西方发达国家贸易保护主义、民粹主义、孤立主义逐渐抬头，2016年美国大选中凭借非常规选举上台的特朗普开启了非常规执政模式，他在全球范围之内，打着公平贸易的旗号，大打贸易战的姿态成为逆全球化现象的突出表现。从2018年上半年开始，美国单方面挑起的对华贸易战愈演愈烈，引起了国际、国内社会的高度不安。

1. 特朗普挑起全球贸易战，严重阻碍全球化发展进程

首先，特朗普基于一个商人的交易思维，打着"美国优先"的旗号，实现"为美国赚更多的钱"的目标，这是特朗普打贸易战的主要利益诱因。特朗普入主白宫后，并没有实现从商人的经营理念到政治思维的转型，他简单地把世界各国的类型划分为两类，一类是让美国占便宜的国家，一类是让美国吃亏的国家。在特朗普和他的拥趸者看来，美国在经济全球化的发展过程当中，付出的太多，得到的太少，全世界都在占美国的便宜。他认为美国为目前的体制付出太多，但是国际社会却没有给美国足够的回馈，对美国"不够尊重"，因此特朗普竭力鼓吹通过打贸易战的方式，要改变这种所谓"世界受益美国吃亏"的局面。

其次，特朗普大打对华贸易战的政治诱因在于迎合美国国内的保守势力，并且与美国近些年来对华战略竞争者定位的意识增强密切相关。普利策奖得主查尔斯·都希格在《大西洋月刊》上发表了一篇名为《我们为何如此愤怒》的文章，可以解读美国人焦虑或者愤怒的根源。他写道，"美国一直就是一个愤怒的国家，这个国家生于揭竿而起，从

战场、报纸到投票箱,战斗从一开始就是这个国家基因的一个部分。美国历史里充满了那种一言不合就枪杆子说话的情节.……然而最近这种愤怒正在变味,愤怒的对象不再是身边的人,而更多地成为远处某个容易被妖魔化的群体。这个群体是否真的做了让美国人愤怒的事情另说;但是重要的是,他们不会积极地来解决或者弥合我们的分歧。"[1] 如果用这种理论来解释当前美国国民对华焦虑甚至是愤怒情绪,也许为我们提供了一个注脚。事实上,引发美国国民愤怒情绪的真正根源在于美国国内不断扩大的收入差距和贫富悬殊的不合理现象,而美国政府自身没有能力解决这些问题,采取了一种简单、粗暴的方法:把一切责任归咎于中国,一个正在不断崛起的发展中国家,成为美国国内一些政客用来转移国内视线、发泄情绪的目标。

在美国历史上,历任美国总统都把维持美国世界霸主的地位当作美国最大的战略利益。伴随着中国综合国力不断提升,国际影响力日益扩大,从世界舞台的边缘逐步走近、走向世界舞台的中央,美国长期存在对中国发展的战略误判与战略猜疑,使"战略竞争"逐渐演变成近些年来美国对华政策的关键词。2017年12月18日,美国白宫发布了特朗普政府任期内第一份《国家安全战略报告》,明确地将中国定位为"战略竞争者"。作出该判断的重要依据之一,在美国人看来,中国正在实施的基础设施投资与贸易战略"将助长其地缘政治野心",该报告明确地说明了特朗普政府"美国优先""提升美国影响力"的国家安全战略。

再次,在高喊着要"为美国赚更多钱"的背后,还裹挟着特朗普

---

[1] 陈佳俊. 当前美国国会里的涉华噪音[J]. 世界知识,2019(6):60-62.

维护和巩固个人政治利益的盘算。特朗普在2016年的胜选创造了当年国际政治领域的黑天鹅事件，他之所以能够击败民主党政治精英希拉里而最终入主白宫，就在于他在竞选过程中牢牢地掌握了一个长期"被遗忘的人群"，他们多来自美国中西部地区相对落后的传统农业区、工业区，位于"铁锈地带"（Rust Belt）的中低收入蓝领白人阶层，这个在经济全球化进程中倍感失落的中产阶层群体，最终将特朗普送入白宫。长期以来美国驴象两党轮流主宰政坛的政治运作格局，使得美国政治生态极化特征更加明显。随着特殊利益集团的兴起和壮大，精英集团绑架了美国政治决策议程，他们往往把政党利益和特殊利益集团的诉求放在首位，而广大普通民众特别是社会中、下阶层的政治利益、经济利益则被不断挤压、被边缘化。美国民众对美国政治生态中"富人政治""精英政治"的极化倾向不满，对传统政治精英的失望与不信任，转化成对非传统政治人物即"反建制派"的强烈期待。

在经济全球化的过程当中，美国利用其在资本、技术上的优势实现了全球产业技术的转移，美国本土重点发展技术密集型和资本密集型的产业，把资源密集型、劳动密集型产业转移到了以中国为代表的亚洲地区或其他区域，美国自身则面临着传统制造业的空洞化、空心化的问题。世界经济产业结构的变迁带来了社会结构的调整。由于制造业全面萎缩，直接带来的后果是相关人群就业机会明显减少、收入全面下降。这个"政治失势、经济失利，社会话语权失语"的群体，基于对美国传统的民主共和两党主宰政坛的生态格局不满，在2016年大选中选择了这个看起来经常爆粗、毫无政治经验的特朗普，而特朗普竞选获胜本身凸显了美国民众对现行政治体制无法回应自身诉求的不满与愤怒。无论是基于兑现竞选承诺抑或是谋求连任的利益需求，巩固和扩大政治基本面的考量，特朗普在对华经贸摩擦"极限施压"的态势难以转圜。

2. 美国为代表的逆全球化现象与世界经济发展整体放缓密切相关

在 2008 年世界经济陷入持续低迷之后，经济全球化负面效应进一步体现出来。"逆全球化"趋势出现的根本原因，是经济全球化在带来繁荣和发展的同时，也明显加剧了各国之间贫富差异，以及不同国家内部阶层分化、贫困问题凸显、社会矛盾趋于尖锐等一系列问题。

首先，由于全球经济增长动能不足以支撑世界经济的稳定增长，经济全球化的负面效应开始显现，世界经济增速处于 7 年来最低水平，跨境贸易与投资快速发展是经济全球化深入推进的重要表现，但相关数据表明，全球贸易增速继续低于经济增速，在金融危机爆发后全球货物贸易出口、服务贸易出口均有所下降，当前世界经济正处于动能转换的换挡期，传统增长引擎对经济的拉动作用减弱，人工智能、3D 打印等新技术虽然不断涌现，但尚未形成新的经济增长点，世界经济仍然未能开辟出一条新路。

其次，全球经济治理滞后，未能反映出世界经济的新格局。在相当长的一段时间内，西方国家是经济全球化的主要主导者和受益者，而发展中国家是经济全球化的追随者。随着经济全球化的推进，国际经济力量对比发生了深刻演变，广大发展中国家和新兴市场国家成为拉动经济增长的主要动力源，但目前全球治理体系仍未能反映出新格局，贸易和投资规则未能跟上新形势，原有机制封闭化、规则碎片化迹象十分突出，发展中国家并未在全球经济治理中拥有相应的地位和话语权，全球金融治理机制未能适应新需求，难以有效化解国际金融市场频繁动荡、资产泡沫积聚等问题。

最后，在全球分工格局形成后，资本、劳动力、商品等生产要素在全球范围内向使用效率较高的国家或地区流动，加剧了国际竞争和世界经济的不平衡性。在经济繁荣的时代，阶层分化的矛盾尚可被掩盖，而一旦发生全球性经济危机，最先受到影响的就是从事传统制造业的低收入人群。2015年美国商务部的数据显示，美国前5%最高收入家庭占据了22.13%的国民收入，前20%的高收入家庭占据了51.06%的国民收入，而后20%的低收入家庭只拥有国民收入的3.15%①。由于美国国内贫富差距的不断扩大，造成国内矛盾尖锐，民众的反全球化情绪加深，美国的低收入人群打破沉默，成为"逆全球化"浪潮的中坚力量，最终通过选举方式，将这种"逆全球化"上升为国家意志，选举出支持反全球化的领导人当选总统。当前美国政府极力地利用贫富差距等内在矛盾来煽动民众对于全球化的不满，大肆宣扬美国将钱用到了与美国利益不相关的地方，将国内的矛盾转移至别国，进而推动本国的逆全球化举措。

习近平主席多次指出，当今世界存在四大赤字，分别是治理赤字、和平赤字、发展赤字、信任赤字。美国为首的西方国家对参与全球治理和继续提供公共产品的兴趣不再，不断退出和威胁退出全球治理平台，导致四大赤字严重威胁着全球治理体系。

3. 违背历史发展大势的对华贸易战必然注定失败

在过去一段时间，美国多次以贸易失衡为由，频频挑起针对中国的贸易调查和加征关税。其实导致中美贸易逆差的原因是多方面的，美国长期存在储蓄率过低、政府财政赤字过高的问题，这是导致其整体贸易出现逆差的宏观经济原因，美国整体贸易逆差是由其内部经济结构问题

---

① 栾文莲，杜旷. 理性认识和应对逆全球化和单边主义霸权［J］. 党政研究，2019 (4)：56-63.

造成的，无论美国的贸易伙伴中有没有中国，其整体贸易都必然是逆差。再加上美方统计方法存在一定问题，导致其明显高估了双边货物贸易失衡程度。实际上，中国并未刻意追求贸易顺差，近年来经常项目国际收支基本平衡。造成美国贸易赤字最大的问题在于美国一直以国家安全为由控制对中国高科技产品的出口，而美方始终对此讳莫如深。美国长期对华高科技产品出口实行限制政策，一定程度上削弱了美国产品在中国市场的竞争力：美国产品在中国高技术产品进口市场的比重已从2001年的16.7%下降到2016年的8.2%，在中国高达2270亿美元的芯片进口中，美国产品仅占4%。

  客观地说，中美双边贸易的发展长期以来为两国企业和消费者带了极大利好，美国在从中国进口大量质优价廉的生活用品和工业中间品，获得了丰厚的社会福利和要素成本优势，在服务贸易领域长期保持了对华顺差。而单纯计算货物贸易的贸易不平衡显然夸大了双方的贸易不平衡关系，更无法反映出美方的经济产业优势。按照西方经济学理论，政府应采取竞争中性的方式管理经济，那种替代企业决策的政府行为往往是低效的，也是难以持久的。如果美方要扩大对华贸易出口，就需要在产品质量和价格方面具有超越其他同类产品供应的优势，也需要具备持续保障供应的能力。美方更应该通过放松对华产品出口管制，增强各类对华出口产品的运输和加工能力，以及通过签署长期供应协议以降低供应价格。特朗普罔顾中美贸易合作给美国民众所带来的巨大利益，罔顾中国多年来在保护知识产权方面所做的巨大的努力，加征关税必然带来美国消费者利益受损，对美国经济增长和就业机会产生负面的影响。

  从历史发展的进程来看，当今世界，全球化大势不可逆转，中国的崛起发展不可阻挡。"世界潮流，浩浩荡荡，顺之则昌，逆之则亡"，这就要求我们站在历史发展的角度思考问题，经济全球化是历史的必然选择。美国发动全球贸易战，实行孤立主义、单边主义、贸易保护主义，实乃逆潮而动的错误选择。美国为了一己私利，违背历史潮流的选择则必将失败。中国在世界上，必然是得道多助，美国逆全球化而动，搞贸易保护主义，必然失道寡助，寸步难行。

从中美两国关系的发展历史来看，中美两国关系作为国际体系中最重要的双边关系，对全球战略的稳定和国际形势的演变都具有极其重要的影响，两国做出的任何战略选择都会在区域内乃至全球层面产生外溢效应。有人说，"中美关系是21世纪最令人牵挂和着迷的世界故事"，自建交以来，中美关系发展可谓起伏跌宕、悬念丛生。美国从自身利益出发，对国际规则采取合则用不合则弃的态度，一旦发现于己不利就修改规则，如果修改还不合意就干脆废弃规则，其种种背信弃义、蛮横无理的做法令世人侧目。其实，无论何种动听的语言，无论何等冠冕堂皇的说辞，都无法掩盖美国为巩固、维护其世界政治、经济、军事、科技霸权的实质。

从国际经贸领域的发展来看，中美两国作为当前全球经济领域中体量最大的两个经济体，两国贸易与经济活动的影响非常大，经贸活动的规模和范围对市场预期，也将对全球经贸规则产生广泛影响。摩根士丹利报告中曾把中美贸易紧张关系视为全球增长前景的最直接风险。在经济全球化高度发展的今天，世界经济你中有我，我中有你，中美两国在长期经济交往中高度融合、相互依赖，共同构成完整的产业链，中美双方都受益于相互配合，也会在相互加征关税中受损。中美双方合则两利，斗则俱伤，双方以合作、务实、开放的态度，尊重彼此的原则和关切，达成平等互利的协议，不仅符合中美双方利益，也将进一步释放经济发展活力，为世界经济有效复苏做出贡献。

二、经济全球化作为世界历史形成过程中的一个必经阶段，为世界经济的发展做出重要贡献

全球化是世界历史的一个特定阶段，其发展进程与世界历史的发展进程基本一致，经济全球化是一个客观的历史发展过程，不依人的主观意志为转移。世界历史是一个哲学历史观的概念，它揭示了各个国家和民族进入全面的相互交往、相互依存、相互渗透、相互制约的演进过程，而"逆全球化"现象也可以视作是世界历史在发展过程中必然遭遇的一个矛盾现象。马克思的世界历史理论是把握和研究全球化进程的重要尺度和方法论原则①，既是社会发展的世界性整体特点的反映，也是研究当今经济全球化条件下社会发展规律与趋势的方法论原则。因此，通过马克思世界历史理论来回溯全球化进程，有利于更好地理解和分析当前出现的"逆全球化"现象。

全球化开始于15世纪末新航线的开辟，哥伦布发现美洲新大陆后改变了各个国家之间基本封闭的状态，马克思曾经指出"美洲的发现、绕过非洲的航行，给新兴的资产阶级开辟了新天地"②，为后来欧洲的掠夺和殖民扩张打下了基础。科学技术和生产力的全面进步，为资本主义的发展提供了巨大的生产资料和市场，使欧洲资本主义国家完成了资本的原始积累，成功主导了工业革命的发展。马克思理解的世界历史是一个将各民族、各区域的历史相互联系、相互统一的历史，即"各民

---

① 胡嘉苗，郑祥福. 马克思"世界历史"理论是理解全球资本主义的钥匙 [J]. 观察与思考，2014（7）：17-22.
② 马克思，恩格斯. 马克思恩格斯选集（第1卷）[M]. 北京：人民出版社，2012：401.

族的原始封闭状态由于日益完善的生产方式、交往以及因交往而自然形成的不同民族之间的分工消灭得越是彻底,历史也就越是成为世界历史"。①

在马克思的世界历史理论中,世界历史是以资本主义大工业为标志的生产向全球扩张的必然结果②。随着物质生产和社会分工进一步扩大,生产力不断地得到提升和发展,社会分工的进一步扩大,同时将人们之间的交流也带动起来,资本主义的生产到达一定程度,国内市场开始趋于饱和,这时就需要打破地域的局限,需要在全球范围内寻找新的商品销售地和原料产地,因此资产阶级开始进行全球资本扩张和殖民统治,获取了大量的廉价劳动力,完成了资本的原始积累,由资本主义主导的世界市场由此形成。资产阶级的海外扩张将原来各地域之间的封闭状态打破,加强了各民族、各地区之间的联系与交流,相互之间的依赖性大大加强,世界开始成为一个相互交融的整体,人类社会开始进入到世界历史的进程之中。

世界历史形成的根本原因在于生产力的发展,人类社会的科技进步和不断提高的生产力是经济全球化的巨大推动力,而全球化是世界历史形成过程中的一个必经阶段,绝不会依附或听命于某一个国家或某一个特定人物的主观意愿,更不是谁的囊中私物,任由其取舍予夺。经济全球化通过对外贸易、资本流动、技术转移等使得各个国家之间逐渐形成一个囊括全球范围内的、相互依存、相互联系的经济整体。由于发达资本主义国家在全球化进程始终居于主导地位,西方国家利用其雄厚的科

---

① 马克思,恩格斯. 马克思恩格斯选集(第1卷)[M]. 北京:人民出版社,1995:88.
② 曹绿. 马克思世界历史理论视野下逆全球化思潮批判[J]. 思想教育研究,2018(7):80-85.

学技术优势、资本优势，长期主导世界市场秩序，牢牢掌控着世界经济的游戏规则。

经济全球化给世界经济的发展带来了深远影响，为世界各国经济的发展注入了强劲的动能，为促进各国经济的繁荣做出了贡献。人类社会呈现出前所未有的繁荣景象，人类文明达到了以往难以想象的高度，各国之间经济实现互联互通、高度融合，形成了一种利益共生局面，相互联系和彼此依存的程度比以往任何时候都更频繁、更紧密。

三、应对"逆全球化"现象的中国之道

在面对严峻的全球性挑战，面对人类发展在十字路口何去何从的抉择的历史性时刻，世界历史的发展一再证明，只有坚持开放合作才能赢得更多的发展机遇和更大发展空间，自我封闭只会失去世界，最终也会失去自己。中国坚持顺应历史发展的潮流，不断推进自身的发展、开放与变革具有重要的国际意义，必然成为世界政治经济图景变迁的重要组成部分。深刻变化的世界需要中国更多的创造与贡献，一个持续发展、不断进步的中国成为维护世界稳定、促进世界经济繁荣不可或缺的重要力量。

1. 积极构建新的全球化理念："人类命运共同体"

2015年11月15日，习近平在G20土耳其安塔利亚峰会上的讲话中指出："孤举者难起，众行者易趋。"近年来世界经济增长的历程一再表明，在经济全球化时代，没有哪一个国家可以独善其身，协调合作是我们的必然选择。只有坚持以人类命运共同体为价值取向来处理人与人、人与世界的关系，才能够有效消解所面临的各种全球性负面效应，使人类未来生存和发展迎来更加美好的明天！

"逆全球化"浪潮是由西方发达国家为了本国利益而掀起的一场全球逆潮,给发展中国家带了巨大的考验和挑战,作为当今世界最大的发展中国家,中国有责任、有信心也有能力继续推动全球化朝着更有利于各国利益的方向发展。"让和平的薪火代代相传,让发展的动力源源不断,让文明的光芒熠熠生辉,是各国人民的期待,也是我们这一代政治家应有的担当。中国领导人提出构建人类命运共同体,实现共赢共享①"。构建"人类命运共同体"是对我们传统"和合"文化的传承和创新,中国坚持天下为公,和而不同的理念,在这种传统观念的影响下,中国一直秉承协和万邦的国际观,处理国际事务时坚持平等协商、求同存异,推进一个以世界共同发展为导向的新型全球化。当前世界经济、政治、文化互联互通,利益高度融合,"人类命运共同体"理念具有一种全球化视野,倡导各国共同发展,发展开放型世界经济,将全球推向共同繁荣。

在"人类命运共同体"理念的指导下,中国积极承担起负责任大国的历史担当,基于现存的国际经济秩序和政治运行机制,创新发展理念和模式,呼吁各国从人类社会的整体利益出发,通过投资和贸易往来、产业分工等经济互动推进全球经济的联动增长,在经济增长的同时,要公平分配发展成果,使世界各国都能够真正做到"共商、共建、共享"。

2. 中国改革开放进程与经济全球化浪潮的契合,创造了开放型世界经济的典范

中国实行对外开放,特别是加入世贸组织以来,在把握自身发展机

---

① 习近平. 共同构建人类命运共同体 [EB/OL]. 新华网, 2017-01-19. http://www.xinhuanet.com//world/2017-01/19/c_1120340081.htm

遇创造"中国奇迹"的同时，也为开放型世界经济发展提供了重要动力，贡献了发展与治理的中国方案。这正是中国坚持维护现行全球多边体系基本原则不可动摇的原因，也是中国作为世界上最大发展中国家的定位所决定的。中国作为国际规则的遵守者、拥护者和改革者，有能力、有必要参与经济规则的制定，为完善和改革全球治理规则确立了一个美好的方向——构建人类命运共同体，通过在国际经济生活中参与经济规则的制定，积极参与国际双边、多边国际经济合作，树立合作共赢理念，创造良好国际经济合作环境。

经济全球化发展演进的过程中，中国企业积极融入全球化浪潮中，经历风雨挑战，实现了经济的跨越式发展。2018年9月10日，老干妈品牌产品在号称全球时尚最前沿的纽约时装周惊艳亮相，一时引发国际社会热议。天猫国潮厂牌店在纽约时装周"中国开放日"特别推出一款时尚单品：老干妈经典红色卫衣，售价120美元。这款被人们称为"土味时尚"爆款作品的出现，对于设计界来说，这是一个创意跨界的延伸；对于个体品牌而言，则是一次有趣有料的创新推介，给人们带来眼前一亮的惊喜。

"哪里有华人哪里有老干妈"，一个看似不起眼的、仅为满足人们口腹之欲的老干妈在全球化浪潮中成为响当当的"辣酱女皇"，实现了世界市场的扩展，而华为则是全球通信技术领域当中异军突起的典范，更多地象征着自主创新实力的中国高科技企业的迅速提升。2019年5月17日，在美国单方挑起对华贸易摩擦呈现愈演愈烈之势时，无端指责中国窃取知识产权，甚至不惜动用国家力量对华为企业肆行打压，要求高通、博通、谷歌、微软等企业实施芯片断供，"禁令"一出，很多美国企业纷纷宣布将停止与华为的合作业务，中断其全球合作的技术与产业体系。此举不仅激起了中国国民的极大义愤，也在世界范围内引起了普遍担忧。华为最初的发展定位是全球通信设备市场"三分天下，必有华为"，而经过一代又一代华为人的共同努力与创新，华为5G标准已经成为世界通信技术的标准。在全球通信技术领域中，华为真正实现了从最早的跟跑、并排跑到世界领跑的成功跨越。华为业已打造了全球化的核心链条，完成了全球化架构，目前华为产品进入全球170多个国家和地区，全世界1/3以上的人口在使用华为产品和服务，成为中国本土企业自主创新和全球化经营的标杆。美国实施芯片断供禁令是看准了中国国内相关产业"缺芯"的弱项，但是华为具有强烈的忧患意识，早已制定了"极限生存"方案，更表明拥有相关领域核心技术的华为在应对不测风云时的信心、底气与实力。

伴随中国经济的腾飞，既有像老干妈这样接地气的国民品牌的崛起，也有像华为这样在全球通信技术领域异军突起的典型范例。透视中国企业的成长，反映了中国企业家独特的经营理念，善于打拼的勇气、勇于搏击的智慧，更体现了中国领导人准确把握国际局势和平与发展主题的高瞻远瞩，不断深入推进改革开放进程的大智大勇，为国内企业发展提供良好的政策环境和发展平台。中国改革开放的进程与经济全球化发展的大潮呼应契合，空前扩展了经济发展的空间，不仅大大提升了中国经济活力，也将推进经济全球化的可持续发展。

3. 中国政府倡议的"一带一路"的成功实践，不断推进新型全球化治理进程

长期以来，中国一直以发展中国家的身份定位，把加强与发展中国家的交流合作作为对外政策的一项重要内容，在全球化发展的长河之中，一方面，为发展中国家提供了广阔的空间和市场以及良好的发展环

境，使发展中国家的经济得到了飞速的发展；另一方面，发展中国家作为一种新兴的世界经济力量一直遭遇西方发达国家的压制和打击，因此在逆全球化暗流涌动的当下，中国积极与发展中国家加强团结合作，为建设新型友好关系增添更多新的内容。

"一带一路"倡议是十八大以来习近平主席提出的推进新全球化和遏制"逆全球化"的一剂良方，"一带一路"倡议源于中国，但机会和成果属于世界人民。当前，"一带一路"建设已经由理论转向行动，实践证明"一带一路"建设在政策、设施建设、贸易等方面取得了巨大的成效，实现了沿线国家经济、文化等方面的互联互通，改善了沿线国家人民的生活水平，因此我们要进一步推动"一带一路"建设，秉持"共商共建共享"的原则，加强交通、能源等基础设施的建设，不仅要加强在传统服务贸易领域的合作，更要积极地开拓高附加值的贸易市场。中国与金砖国家为加强合作与发展而建立的新兴市场国家合作机制，自成立以来一直共同在国际和区域性事务重大问题发声，积极推进了经济全球化的进程，提高了发展中国家和新兴市场国家在国际社会的代表权和发言权。金砖国家合作机制在于合作、共赢，新时期中国应更深入推进金砖国家合作机制的影响力，以合理渐进的方式，实现既有全球经济治理的结构改革。

实践证明，"一带一路"倡议和金砖国家合作机制具有非常广阔的发展前景，其顺应全球化潮流，遵循社会经济发展规律，符合全世界人民的共同期盼。实现"一带一路"倡议和金砖国家合作机制的协同联动发展，不但有利于促进相关国家和区域的经济增长和资源利用，而且对于构建更加合理的国际经济治理新秩序具有深远的影响。

4. 中国方案引领全球化发展新方向

中国积极把握历史机遇，肩负起更大的国际责任，同时保持战略自信和战略定力，稳住中美关系大局，加快国内发展，扩大国际影响力，让贸易成为推动经济全球化的基本动力。随着中国对于全球化遇阻困境的思考不断深入，基于世界多个国家对完善全球治理的迫切现实需求，中国不仅是现行多边贸易体制的支持者、维护者，也将在国际贸易规则制定、全球制度建设中作出新贡献，中国政府领导人在国际外交舞台中多次提出推进全球治理新倡议，实现对全球化发展新方向的引领。

2019年3月，习近平主席在中法全球在治理论坛上明确指出：当前，逆全球化的思潮正在发酵，保护主义的负面效应日益体现，收入分配不平等，发展空间不平衡，已经成为全球治理面临的最突出的问题。中国坚持创新驱动，打造富有活力的增长模式；坚持协同联动，打造开放共赢的合作模式；坚持公平包容，打造普惠平衡的发展模式，让世界各国人民共享经济全球化的发展成果。中国坚持对世界贸易组织进行必要的改革，更好地建立开放型的世界经济，维护多边贸易体制，引导经济全球化更加健康的发展。

2019年6月，习近平主席在G20大阪峰会中提出的"四个坚持"建议，即坚持改革创新，挖掘增长动力；坚持与时俱进，完善全球治理；坚持迎难而上，破解发展瓶颈；坚持伙伴精神，妥善处理分歧。"四个坚持"的中国方案，蕴含着促进世界经济增长的深邃智慧。置身世界经济新旧动能转换期，面对发展鸿沟、发展赤字带来的诸多挑战，习主席审时度势，提出建设适应未来发展趋势的产业结构、政策框架、管理体系，营造有利市场环境，加强国际创新合作等有效对策。中国方案根植于中国改革发展的实践，契合各国发展需求，必将推动世界经济未来实现强劲、可持续、平衡、包容发展。中国领导人的倡议再次引起国际社会的高度关切，是对当前经济全球化面临困境之下的理性抉择。

全球化对人类的生存和发展产生了极其深远的影响，从深层的价值意蕴来看，全球化的影响集中体现为它以特定的方式促成了当代人类共同利益的追求，为人类提出了一种特殊的价值规范，要求国际社会以人类共同利益为价值取向来处理人与人、人与世界的关系和矛盾，以便解决当前所面临的全球性问题。纵观全球大势，尽管各种不稳定、不确定因素继续增多，但和平、发展、合作、共赢的时代潮流不可逆转。

能源安全视域的中缅油气通道建设

能源安全是中国国家发展战略中的核心问题之一。本文在对能源安全的概念进行界定的基础上分析了中缅开展油气资源合作的客观条件，进而阐释了中缅油气通道建设过程中面临的政治调整、经济风险以及生态问题所带来的困难和挑战，最后提出了确保能源安全的应对策略和措施。

能源是一个国家的经济发展的血脉，能源安全是关乎国家政治安全、经济社会发展以及国际地位的重大问题。随着中国工业化进程的加快，中国的能源建设正飞速发展，与之相伴而生的则是对能源消费需求的快速增长，中国能源安全问题逐渐凸显。如何维护中国能源安全是关系到中国现代化建设进程的关键问题，能源安全成为中国大国发展战略中的核心问题之一。

一、能源安全的概念释义

能源安全这一概念自工业革命以来就已经出现。1913年，英国海军用石油取代煤炭作为动力来源时，时任海军上将的温斯顿·丘吉尔就明确提出:"绝不能仅仅依赖一种石油、一种工艺、一个国家和一个油田",这可以视作确保能源供应多元化原则最早的表述。

能源安全是个现代词汇,在经历了两次石油危机后逐渐为国际社会所接受。1974 年,主要发达国家成立了国际能源机构,正式提出了以稳定原油供应和价格为中心的能源安全概念。在 20 世纪 70 年代到 80 年代中期,能源供应安全问题成为西方国家能源政策的核心,各国纷纷采取措施完善供应保障体系,其突出标志是在经合组织范围内建立了以战略石油储备为核心的应急反应机制。1992 年,日本政府明确提出"3E"战略,即以能源安全(Energy Security)、经济效率(Economic Efficiency)和环境保护(Environmental Protection)为目标的新能源安全战略。为有效应对国际能源市场的动态调整,以确保能源安全,日本能源基本计划每隔 3 年就修订 1 次。日本能源政策逐渐确立以"3E+S"原则为核心的指导思想,即以能源安全性(Safety)为前提,把能源稳定供给(Energy Security)放在首位,在提高经济效率(Economic Efficiency)实现低成本能源供给的同时,实现与环境(Environment Suitability)的协调发展,力求实现安全性与稳定性、经济性和环保性的平衡统一。

进入 21 世纪,随着油价进入新的上涨周期和发展中国家能源消费的大幅度增长,国际能源竞争日趋激烈,各国对能源使用安全问题的关注再度升温,人们更注重能源安全的质量,强调供应安全与使用安全、生产与消费、经济效益与环境保护之间的协调与均衡发展。能源的使用安全问题实质上涉及可持续发展问题。能源生产、使用和消费过程如有不当,均有可能危及可持续发展。能源安全概念的内涵已发生重大变化，其所涵盖的范围更广，内容更丰富①。能源安全的内涵主要是两个方面，即能源的供给安全和能源生产与消费的环境安全。如果说能源供应的有效保障是国家能源安全追求的基本目标，那么能源使用安全则是国家能源安全的更高目标。从生产和消费角度讲，能源供应安全主要体现在生产与运输方面，而能源使用安全主要体现在消费方面。随着生产技术、基础设施和能源市场全球化的快速发展，能源供应保障的安全较以往有了很大程度的改善。

由此，国家能源安全的内涵从"量"的保障转变到"质"的改善上来，这正是能源使用安全上升的实质。能源使用安全的保障，关键在于经济增长与消费模式的调整。为了保证社会经济发展不逾越自然生态系统的承载限度，国际社会须对资源开发利用战略和配置方式进行重大调整。在中国，相对供应而言，资源消费模式和利用效率方面的问题更为突出。

二、中国缅甸能源安全合作的基础

1. 中国与缅甸油气资源开展合作是由于中国自身能源结构的禀赋决定。

受到资源禀赋条件的制约，中国石油和天然气供给能力都不足以满足对优质能源的消费需求，"多煤、贫油、少气"是中国的基本能源国情。中国自1993年成为石油净进口国和2006年成为天然气净进口国以来，进口量和对外依存度不断增大，中国未来的经济发展需要坚实有力的能源供给作为支撑。中国能源自给不足，特别是石油和天然气资源的

---

① 赵宏图. 国际能源安全形势的新特点 [J]. 现代国际关系. 2005（07）：1-6.

对外依存度不断提高，经济的快速发展使得中国对油气资源的需求越来越大，客观上要求中国必须以保障石油和天然气等常规能源供应为基本合作目标。

2. 中国与缅甸油气资源开展合作是基于中国确保能源安全，破解"马六甲困局"的客观需要。

"中国石油运输安全主要面临两方面的挑战：一是运输线路安全；二是运输能力安全。前者决定中国能否确保运输通道的安全，后者决定中国是否有足够的能力把所需石油从海外运回国内。"[①] 世界上石油出口地区主要在中东，石油运输从中东地区到中国必须经过马六甲海峡。马六甲海峡号称世界上最繁忙的海峡，是我国海上石油运输的生命线。由于地理条件限制，马六甲海峡巷道狭窄、船只密集，通过速度受限；加上海峡地处无风地带，全年大部分时间风力微弱，平均风力为1~3级，航速缓慢。由于地形复杂、港湾众多，便于隐匿，自19世纪以来就是海盗出没、劫掠商船的主要场所。21世纪以后，由于国际恐怖主义势力的渗透，马六甲海峡海盗活动更为猖獗，加上马六甲海峡地处马来西亚、新加坡、印度尼西亚三国交界处，处于多国共管状态，国际协调要求较高。

在美国的全球战略中，马六甲海峡一直具有重要的战略价值，是美国必须控制的16大咽喉之一。美国政界要员布热津斯基就曾经毫不讳言地声称：马六甲海峡是控制亚太地区大国崛起的关键水域。美国近些年来在亚太地区活动频繁，其言行不仅是中国油气安全的潜在威胁，而且还束缚了中国在台湾问题和周边事务中的行动能力。由于海上运输航

---

① 余海胜. 能源战争 [M]. 北京：北京大学出版社. 2012 (1)：102.

线存在部分重合，这就造成了世界航运中如曼德海峡、霍尔木兹海峡、马六甲海峡等咽喉要道的出现。"这些咽喉要道很大程度上制约着整个运输系统的有效运转，承载着国际能源运输安全的绝大部分风险。因为一旦它们当中任何一条被切断，国际能源运输系统会几乎崩溃，国际能源市场将陷入极大的困境。"①

鉴于中国对世界能源丰富地区的实际外交影响力以及海上运输线的军事保障能力的有限，依靠国际石油资源满足国内基本需求，使中国处于石油不安全状态。大国对于该海峡事务的插手将给中国与东南亚国家油气合作带来不稳定因素。目前中国原油进口的60%以上来自于局势动荡的中东和北非，进口石油主要采取海上运输，原油运输80%通过马六甲海峡，形成了制约中国能源安全的"马六甲困局"②。能源安全通道已经成为中国经济发展的"阿喀琉斯之踵"，作为一个成长中的发展中国家，要破解能源安全困局，就必须开辟多元化的能源供应和生产渠道。

3. 中国与缅甸油气资源开展合作不仅有着独特的地缘政治格局因素的作用，也有其历史的必然性。

中国国际能源合作格局的形成有着独特的历史背景和现实因素的制约。东南亚地区是世界油气资源的密集区域之一，油气资源丰富，开采成本相对较低。目前中国西南毗邻的东南亚国家油气生产国主要集中于缅甸、泰国与越南。由于西方国家的长期影响与渗透，一方面留给中国企业发展的空间非常有限；另一方面，中国与这些国家开展能源合作常

---

① 沈文辉. 国际能源运输系统与国际能源安全——一种非传统安全视角的透视 [J]. 中南林业科技大学学报（社会科学版），2011：3.
② 江海. 从北部湾到中南半岛和印度洋：构建中国联系东盟和避开"马六甲困局"的战略通道 [J]. 世界经济与政治. 2007（9）：4.

常遭遇一些西方国家明里暗里的阻挠和掣肘，而显得格外艰难。

缅甸具有与中国开展油气资源合作的特殊优势。首先，中缅具有强烈的动因开展油气资源合作，对于中方来说，开辟陆上石油通道有着基于国家发展战略层面的重要考量；对于缅甸来说，则有着改善国际地位，摆脱经济困境的迫切的现实需求。由于长期受到西方国家经济制裁，缅甸的2006年人均生产总值仅193美元，被联合国数列为最不发达国家，也是东盟国家中最穷的成员之一。缅甸要摆脱长期以来的经济困境，利用自身的资源优势，与相关国家开展合作成为一个现实可行的选择。其次，中国与缅甸油气资源开展合作具有独特的地缘区位优势。由于西南部位于中国大陆与中南半岛的接合部，与南亚国家毗邻，山水相连，民族相同、语言相通，风俗习惯相似，长期友好往来、通婚互市，具有良好的民间交往氛围。第三，按照缅甸的地质构造情况来看，缅甸石油与天然气勘探前景看好。缅甸共有14个地质沉积盆地，其中缅甸石油与天然气公司仅对中部地区、卑谬地区和伊江三角洲地区的盆地进行勘测，尚有许多地方具有新发现石油与天然气的可能性。缅甸从1998年开始成为天然气的输出国，从2000年开始，缅甸已经成为亚太地区通过天然气管道向国外出售天然气最多的国家。中石化于2011年1月在缅甸中部发现油气田，预计储量为257.4亿立方米天然气以及716万桶原油，这是中石化首次在缅甸发现油气田。中国也是在缅甸参与油气开采投资规模最大的国家，双方资源合作的前景是比较好的。

三、中缅能源安全合作面临的风险与挑战

能源领域国际合作的开展往往受到多方面因素的制约，不仅有所在国政治、经济、社会生态的动荡调整等多方面因素的影响，而且也由于国际力量的干预插手而频生变数。跨国油气管道的建设还受地缘政治和国家间关系等因素的影响。① 打通云南经缅甸至印度洋的铁路、公路和油气管道，不仅比经海路绕马六甲海峡缩短运距 3000～5000 千米，而且可减轻对马六甲航道的依赖，提升国家政治、经济、军事、能源安全，促进和带动西部地区及周边国家协调发展。对于缅甸来说，意味着本国石油天然气工业获得迅速发展，获得稳定的油气出口市场，并可以从原油过境中获利，促进缅甸石油天然气工业的发展以及管道沿线地区的社会经济发展。

1. 缅甸政治生态格局动荡调整带来的挑战。

缅甸长期以来被隔绝于国际社会之外，饱受西方国家制裁，缅甸政府为获得西方国家对其政权合法性的认同，通过新宪法民主选举总统、释放包括昂山素季在内的部分政治犯并与其开展政治对话、解除网络封锁、公开国民议会过程等一系列举动表明缅甸国内民族和解、民主化进程明显加快。现政府积极改善缅甸国际形象，争取解除西方国家外资注入等现实问题与缅甸军政府时期遗留下来的历史问题纠缠在一起，决定了缅甸必然经历一个对外政策摇摆、调整时期。

2. 缅甸中央政府与地方政府的矛盾由来已久，存在中央政府与地方分权争利、激化民族矛盾的风险。

近几年来，缅甸中央政府和平与武力手段并用，中央政府和地方武装矛盾有所缓和，目前全缅境内仍然有十余支地方武装，尤其是克钦邦、掸邦、克伦邦等地仍有少数民族地方武装活动，不时与政府军发生小规模武装冲突，其中缅甸民族民主同盟军、克伦民族解放军、佤联

---

① 赵宏图．"马六甲困局"与中国能源安全再思考 [J]．现代国际关系．2007（6）：40．

军、克钦独立军等十余支地方武装较为活跃。由于政治环境宽松，多种政治势力和利益团体表现活跃，不同的政治诉求趋于多元化、复杂化，各方政治势力在政坛的博弈也越来越激烈，给缅甸政局增加了不少复杂变数。近年来中国企业在缅甸少数民族控制地区进行投资时，已经很难避开缅甸政府与地方民族武装的利益矛盾。事实证明，在没有更好的解决缅甸国内的复杂矛盾方法以前，协助缅甸国内各派力量维持现状应该成为中方的首选政策。

3. 缅甸内部经济政策、法规调整给中方企业带来的运营风险进一步加大。

缅甸中央政府推行亲西方倾向的政治改革有可能危及中国能源管道的安全。过去由于受西方国家制裁，缅甸长期陷于贫困的经济状况中，面临重重压力的缅甸政府在筹措资金、发展经济方面加快了与中国的合作步伐，中国一直是缅甸最大的投资方和第二大贸易伙伴。2010年，中缅双边贸易已达到44亿美元，中国在缅甸的投资达到123亿美元。中国在缅投资主要集中在能源、电力和基建等领域，约占缅甸外商投资总额的四成。登盛任总统后，接连出访欧洲五国和澳大利亚、新西兰等国，其目的就是争取更多外援，为引进外资扫清障碍。由于缅甸政治氛围趋于宽松，国内经济改革的力度明显加大，各方利益集团十分活跃，使得一些国家在缅投资项目因遇到土地赔偿和环境保护等问题受阻。缅甸的法律环境和配套基础设施均比较差，更让外资犹豫不决。据泰国《民族报》报道，截至2013年1月，缅甸吸引外资总额只有11亿美元，而上个财政年度缅甸吸引了大约46亿美元的外资。政府陆续颁布实施一系列经济政策以规范经济运行，对于中资企业而言，应积极加快对缅甸新经济政策、法规的了解和掌握，增强应对能力。

4. 缅甸国内一些环保组织在西方势力的渗透和影响下，利用媒体加大对生态问题的关注，生态风险加大。

鉴于石油、天然气资源的战略属性、地域失衡的现状，往往引发地缘政治形势不稳或国际关系紧张。纵观世界各国历史，"无论是地区战争，还是局部冲突，或相关资源国与消费国关系紧张，背后都潜藏着能源（油气）资源争夺因素。"[①] 在国际能源合作方面，能源安全问题除了国际能源市场有足够商品供应、能源生产国有足够的投资扩大上游生产能力外，能源供应链上的所有基础设施（管道、航道、炼厂、油气储库等）的安全有效运行对所有国家的能源安全也非常重要。"控制和降低能源生产和消费所造成的环境、健康与安全的影响对能源安全至关重要"[②]。能源安全问题的凸显使能源外交异常活跃，各国围绕能源安全的角力始终在持续，由于西方发达国家开展国际化经营较早，与主要油气资源国形成相对垄断的战略合作关系。能够与我国开展能源合作的国家数量少、机会少、难度大、条件苛刻，中国目前开展油气资源合作被迫实施"边缘突破"战略，加上西方国家不遗余力利用自身优势进行刁难和排挤，也加大了我国与相关国家开展油气资源合作的难度。

客观地说，一些中资企业长期以来将主要目标集中在扩张地盘、增加效益，相形之下，其企业运作方式、过程相对神秘、封闭，在生产安全和环保投入方面，无论是经营理念抑或实际投入都显得较为薄弱，管理漏洞较多。一些西方国家政府和学者合力炮制"中国能源威胁论"，把生态问题政治化、扩大化，别有用心地进行造势渲染，形成强大的社会舆论压力，刻意挑动缅甸民众对中国的抵触和不满情绪。缅甸国内一

---

① 陈凤英. 国际能源安全的新变局 [J]. 现代国际关系. 2006 (6)：43.
② 陈新华. 以国际视野看环境能源安全 [J]. 财经界. 2013 (2)：39.

些环保组织表现活跃，往往通过缅甸北部地区的少数民族采取各种方式表达利益需求，在其环保诉求的表象下，实质上形成了政治经济问题与民族宗教矛盾纠缠、历史问题和现实矛盾交织、社会问题与生态问题重叠的错综复杂的局面。

5. 中国在积极建设海外油气进口来源多元化格局的过程中，也要着力开辟油气运输管道的多元化。

为化解海上能源运输风险，开辟陆路运输通道无疑是一种必然的选择，而油气管道无疑是其中最关键的环节。油气管道是陆路石油运输的最佳选择，是海运的必要补充。中缅原油管道在缅甸境内段长771千米，中缅天然气管道在缅甸境内段长793千米。原油管道设计能力为2200万吨/年，天然气管道年输气能力为120亿立方米/年。两条管道从我国云南瑞丽入境后，原油管道经贵州到达重庆，干线长1631千米，天然气管道经贵州达广西，干线长1727千米。2010年6月3日，中缅油气管道境外段正式开工建设；2010年9月3日，中国境内段开工建设。中缅油气管道中国境内段途经3个省1个直辖市23个地级市73个县市，穿越或跨越大中型河流56处，山体隧道76处。沿线地形地貌、地质条件复杂，地质灾害频发，是目前我国管道建设史上难度最大的工程之一①，导致修建成本高，周期长。

由此可见，我国能源安全面临的风险不仅来自国际能源市场和价格的动态冲击，所受到的安全威胁也有国际势力的影响和干预，从而要求我们在巩固传统能源安全保障措施的同时，更加重视运用市场化手段，加强国际能源合作，推动国际能源安全整体环境的改善。

---

① 张立岩，郭影. 中缅油气管道中国境内段开工［N］. 中国石油报. 2010-09-10.

四、加强我国能源安全的对策路径

中缅油气管线建设对于拓展我国的国际空间，保障国家政治经济军事安全，促进区域协调发展和边疆长治久安，具有重大而深远的战略意义，不仅有利于云南、贵州等西南地区的石油供应安全，而且是凸显面向东南亚国家开放的桥头堡战略地位、带动云南及西部省区区域经济发展的重要契机。

1. 当前，无论是发达国家还是发展中国家，都把保障能源安全作为国家能源安全战略的首要目标。在全球能源利益格局变动中处理好与发达国家、发展中国家的关系，是中国能源外交所面临的新挑战。就整体而言，发展中国家在国际能源格局中居于弱势地位。中国能源安全要在全球化的大背景下，综合考量能源地缘政治格局和国际利益分配，从根本上解决对国外能源的依赖，综合运用政治、经济、外交等多种手段来保障国家能源安全。

2. 能源过境运输问题是中国能源安全中的重要问题，中国要加强与东南亚国家的合作，同时加快建设与周边国家的陆上油气通道，加强能源运输线路的安全保障。中国政府必须高度重视缅甸政治生态调整所带来的新挑战，采取更为理性、灵活的姿态，积极加强与缅甸的合作，加强与各方政治力量的沟通和对话，增信释疑。

3. 深化和加速能源外交，认真关注海外公民形象塑造，提升国家整体形象。在当今全球化时代，新的国家安全与世界秩序调整的背景下，应进一步关注中国角色的塑造问题，国际形象问题实际上是一个社会共识的问题，"只有每个公民对中国的国家形象形成共识并为此有所担当，这个角色才会成为一种真实的而非虚拟的角色。"① 目前，确有一些中资企业国际形象欠佳，在与地方政府签署项目协议时，忽视当地政治生态格局的复杂性，低估了不同利益团体进行政治博弈的风险，采取偏颇的政策倾向，给我国能源安全带来负面影响。必须采取更加理性、灵活、务实的策略，全面协调各方利益，以更好地维护我国能源安全。

4. 中资企业要加大风险评估意识，逐渐改变传统的运作理念，提升企业环境保护意识、环境责任意识，增大透明度，增强与所在国人民媒体、民众的必要交流，逐步化解"反中国投资"的声浪，经济开发与环境保护相协调，树立良好形象，尽量避免给西方国家留下中国不顾环保、破坏生态的借口。要善于化解潜在风险，探索先进的投资方式和方法，提升国际化水平。按照国际惯例，充分照顾彼此利益关切，广泛开展双边和多边合作，加强能源政策磋商和协调，保证稳定和可持续的国际能源供应，维护合理的国际能源价格，真正实现互惠互利，合作共赢。

---

① 唐士其. 新的国际安全与世界秩序调整下的中国角色的塑造 [J]. 国际政治研究. 2012 (4).

生态安全视阈下的云南少数民族地区生态文明建设[①]

生态安全作为国家安全的重要组成部分，是国防安全、政治安全和经济安全的基础。本文在界定生态安全的内涵的基础上，分析了云南少数民族地区生态安全方面存在的突出问题，提出在保护和利用资源优势的前提下加快云南少数民族地区的生态文明建设的对策。

随着现代工业化及城市化的发展，生态安全问题越来越引起人们的关注，生态安全作为国家安全的重要组成部分，关涉人类的生存与发展，是国防安全、政治安全和经济安全的基础。传统的国家安全观把国家安全定位为政治安全和国防安全，即主权独立、领土安全、政治稳定等；而新的国防安全观则强调在政治安全和国防安全的基础上，还应该包括经济安全、金融安全、科技安全、文化安全、生态安全、社会公共安全等重要内容。从全球范围看，生态安全问题不但可能影响一个国家

[①] 本文发表在《云南行政学院学报》2012年4月第4期，为刘小勤与尹记远共同撰写，部分内容有修订。

内部的政治稳定，还可能导致民族之间、国家之间的战乱纷争，从而影响到地区稳定和国防安全，成为国际社会近年来关注度明显上升的焦点问题之一。

一、生态安全内涵的界定

安全问题几乎涉及人类社会经济生活的一切领域。"安全的需要符合人类最基本的生存需要，体现了人类文化的底限要求。"① 随着时代的发展，安全概念日趋复杂化和多元化，安全的内涵也在不断地丰富和拓展。美国著名环境专家莱斯特·R·布朗最早将生态含义引入安全概念，他在20世纪八十年代初期就提出："目前对安全的威胁，来自国与国之间关系的较少，而来自人与自然之间关系的可能更多……土壤侵蚀地球，生态系统的退化和石油储量的枯竭，目前正威胁着每个国家的安全。"② 一般认为，生态安全的概念包括两层基本含义：一是避免由于生态环境退化和资源短缺对经济发展的环境基础构成威胁，从而维护一个国家的生态环境和自然资源对于本国经济持续发展的环境支撑能力；二是避免由于生态环境严重退化和资源严重短缺造成环境难民，并引发暴力冲突，从而避免生态安全环境问题对区域稳定和国家安全构成威胁。

从生态安全角度看，我国已经进入了环境高风险期。"在中国全面走向工业化、城市化的进程中，迫于人口增长、经济发展需求的影响，在相当长的时间内我国还将保持资源能源消费不断增长的态势，资源环

---

① 杨文庄，于学军，李小平等. 专家笔会：人口安全纵横谈 [J]. 人口与计划生育. 2004（02）：19-26.
② 戴星翼，唐松江，马涛. 经济全球化与生态安全 [M]. 北京：科学出版社，2005：2.

境的压力必然持续增加，短期内难以有根本性的缓解迹象。"① 因此，生态安全问题是我国建设现代化国家过程中长期面临的问题。

二、云南少数民族地区生态安全格局分析

云南秉承大自然的天然厚赠，具有得天独厚的丰富的森林资源、矿产资源、水资源及生物资源，兼具生态系统的多样性、物种的多样性和人文环境的多样性，这"是云南最具特色最具竞争力的后发优势，是云南建设生态文明、构建和谐社会的重要物质支撑和前提条件。"② 但同时，云南少数民族地区生态区位特点非常突出，兼具多民族、多文化、自然资源丰富、经济贫困、生态脆弱等多个特征，生态环境的变化牵动全国乃至东南亚地区生态环境系统的神经。

从地理位置和区域特点来看，云南少数民族地区是我国的生态前沿阵地，具有突出的生态区位特征。云南地处长江、珠江等国内江河的上游和源头，同时也是金沙江、澜沧江、怒江、伊洛瓦底江四条亚洲著名大江的上游地区，境内属纵向岭谷地形及山高谷深的地势，使其成为我国内陆乃至东南亚、南亚地区生态安全的重要生态屏障。云南省是少数民族众多的省份，少数民族大都居住在边疆或接近边疆地区，其中一些少数民族跨境而居。在这些少数民族地区，由于生态环境脆弱，再加上诸多的环境问题、自然灾害等，往往对少数民族群众的生存权益和生命、财产安全造成巨大损害。因此，少数民族地区生态文明建设不仅关乎少数民族地区人民的生活质量、社会的和谐与稳定，也涉及整个国家

---

① 曲格平. 构筑国家生态安全防护体系 [N]. 中国环境报, 2006-06-06.
② 《中共云南省委、云南省人民政府关于加强生态文明建设的决定》, 2009-3-19.

的国防安全以及与周边国家关系。

从云南省生态环境系统和自然禀赋来看，具有高度的生态保护和利用价值。由于独特的地理位置和复杂的自然地理环境，云南形成了复杂的生态系统与多样化的环境条件，"作为我国生态系统类型最为丰富的地区，保存有许多珍稀、特有或古老的类群，是世界公认的生物多样性重要类群分布最为集中，并具有全球意义的生物多样性关键地区之一。"① 比如云南省"澜沧江至湄公河水系孕育了世界上最丰富的淡水鱼类生态系统，整个流域已知鱼类多达1700多种，鱼类多样性仅次于亚马逊河流域。2000年世界野生动物基金会把澜沧江至湄公河流域确定为世界上最重要的淡水鱼类生态区域之一。"②

从生态安全角度而言，当前云南生态安全主要存在如下几个方面的问题：

1. 国土生态安全问题。云南地处世界上最大的喀斯特地形区，土层薄、石头多，地势高差大，山峦起伏、河谷深切，加之地形破碎等，造成区域生态系统抗性弱，土壤极易流失，自然恢复机能较差。而地表植被一旦破坏，泥石流、滑坡等地质灾害极易发生，环境恢复难度较大。耕地质量差，中低产田比例超过一半以上，耕地减少趋势加剧。除少数山间盆地（坝子）、阶地、冲洪积扇土壤耕作层较厚外，其他地方耕作层较薄，水土流失危害严重，不利于农业生产的发展。如怒江大峡谷地区是"集边疆、民族、贫困、宗教和高山峡谷五位一体的特殊区

---

① 杨宇明，王娟，王建皓，裴盛基编著. 云南生物多样性及其保护研究 [M]. 北京：科学出版社，2008：14.
② 董明. 来自地球之巅的生态警钟 [M]. 北京：中国工人出版社，2010：106.

域"①，辖区内98%以上国土面积是高山峡谷，峡谷平均深度超过2500米，海拔高差达448米，坡度大于25°的土地面积占84%，发生泥石流等自然灾害频次多、危害深、强度大、影响面广，对当地人们的生产、生活乃至生存提出了严峻的挑战。特殊的自然条件、历史条件、地理位置使贫困地区的农民在进行农业生产时除了承担生产成本外，还要承担相应的生态成本。由于人们在农业生产中无法收回自己的生态成本投入，生态效益就难以成为他们的首要选择。

2. 水资源生态安全问题。云南素有"亚洲水塔"之称，境内主要河流有180多条，分属于伊洛瓦底江、怒江、澜沧江、金沙江、红河和珠江六大水系，集水面积遍于全省，但水资源分布不尽合理，保水节水等水利设施建设相对滞后，2009-2010年百年不遇的旱情使长期陶醉于云南水资源丰富的幻梦中的人们醒来。水环境污染状况堪忧，云南省主要河流有近四成水体严重污染，近一半的湖泊达不到水环境功能要求，滇池、洱海、异龙湖等湖泊污染治理尽管投入巨大，仍难见显著成效。

3. 林业资源生态安全问题。云南省森林覆盖率达47.5%，远远高于全国20.36%②和全球27%的森林覆盖率水平，但近年来林分质量下降，构成比例不合理，病虫害发生面积逐年上升。在云南少数民族地区，由于一些经济林木在缺乏充分的研究论证和时间验证的基础上进行大规模引种，给生态系统带来严重的影响。如人工速生桉树容易导致水土流失、病虫害加剧、生物多样性消失和森林火灾增多等一系列问题。在号称植物王国的西双版纳地区，尽管大规模毁林种胶一度为地区经济

---

① 李益敏. 怒江峡谷人居环境适宜性评价及容量分析 [J]. 地域研究与开发, 2010, 29 (4): 135.

② 数据来源，中国统计年鉴2011年。

发展带来巨大的活力，但给当地具有标志性特征的原始热带雨林保护带来巨大的打击，"土地利用覆盖格局的强烈变化加速了热带雨林的破碎化，从而减弱其生态服务功能，带来了多方面的环境资源效应，垦区动植物由此遭到毁灭性破坏，气候也从湿热逐渐向干热转变。"①

4. 矿业资源生态安全问题。云南省成矿地质条件优越，矿产资源丰富，是我国矿产种类齐全的省份之一，但是由于矿山开采不当也带来生态环境的破坏。由于缺乏科学规划和统一监管，造成对原有的地形地貌、地表植被、自然景观的破坏，易引发水土流失。不当开采还对环境造成深层次的污染：含酸性、碱性、毒性、放射性或重金属成分矿石、废渣等固体废物，在污染矿区及周围的环境的同时，还直接造成土地退化、沙化、盐渍化；另外，农作物、地面水和地下水受污染，给矿区居民的生产生活及人身安全带来难以估量的健康损失。对矿产资源的无序开发使人们不得不吞下短视经济行为带来的苦果，导致生态脆弱区环境质量恶化，而由于资源优势不复存在导致一些少数民族地区重新返贫的现象并不鲜见。另外，少数民族地区作为我省资源与能源的战略基地，担负了向发达地区输出资源的任务，承担了生态破坏的成本，却没有得到相应补偿，导致地区生态环境不断恶化的趋势没有得到有效遏阻。

5. 贫困生态安全问题。云南经济文化发展水平和生态系统现状兼有发展与保护的双重重任。云南省属于我国西部经济不发达的边疆地区，也是全国贫困县数量最多的省份。少数民族聚居地区贫困人口比重大、贫困面较广、贫困程度深的问题突出，脱贫攻坚的任务尤为艰巨。如怒江峡谷区域社会发育进程的相对迟缓，生态环境保护与环境承载能

---

① 刘文俊等. 滇南热带雨林区土地利用/覆盖变化分析 [J]. 山地研究，2005（01）：71-79.

力的特殊性，造成环境容量难以承载现有人口，不仅"给三江并流世界自然遗产地的生态保护带来很大阻力，也给怒江脱贫带来困难"①。从一定意义来说，贫困也是对生态安全的威胁，"人们对经济发展的需要是巨大的，但是无序的自然资源开发可能会使贫困加剧"②。在少数民族贫困地区，往往伴有对环境资源强烈的依赖性，长期受制于经济贫困的困扰，人们急切渴望改善生存条件、提升生活质量，如果缺乏科学指导和合理规划，往往加重生态环境保护的压力，造成生态环境透支，甚至直接构成对脆弱生态环境的破坏。

三、关于建设云南生态文明的对策思考

党中央在十七大报告中首次提出了建设"生态文明"的科学理念，而建设生态文明，根本在于生产方式转型。十八大以来，以习近平总书记为核心的党中央提出了总体安全观的系统思想，生态安全是总体安全观的重要构成内容之一，他深刻地指出："生态环境问题归根结底是发展方式和生活方式问题"③，要实现这一文明转型，就要必须探索坚持安全与发展同向并举的新路径，切实做到坚持发展不停步、维护安全不懈怠，创造利于经济社会发展的生态安全环境，建立有利于节约能源和保护环境的长效机制和政策措施。在加强云南少数民族地区生态文明建设的过程中，必须注意如下几个方面的问题。

1. 坚持生态环境保护与经济发展"双赢"道路。

---

① 李益敏. 怒江峡谷人居环境适宜性评价及容量分析 [J]. 地域研究与开发, 2010, 29 (04): 135-139.
② [加] 吉恩·莱柏. 关注人类健康的一个生态系统途径 [M]. 何俊, 普路平, 译. 北京: 中国环境科学出版社, 2008: 29.
③ 《习近平谈治国理政》第三卷 [M]. 北京: 外文出版社, 2020: 361.

美国生态学家奥德姆曾说:"生态系统发展的原理,对于人类与自然的相互关系,有重要的影响,生态系统发展的对策是获得最大的保护(即力图达到对复杂生物量结构的最大支持),而人类的目的则是最大生产量(即力图获得最高可能的产量),这两者常常是发生矛盾的。认识人类与自然间这种矛盾的生态学基础,是确定合理土地利用政策的第一步。"① 在云南省生态文明建设的过程中,必须坚持走生态环境保护与经济发展"双赢"的道路,实现人与自然和谐发展。坚决避免重蹈我国东部一些地区发展过程中先发展后治理的覆辙,在发展速度与生态保护不能兼顾时,必须坚定"保护第一、开发服从保护、发展促进保护"的原则。云南省作为低碳经济试点省份,坚持从战略高度重视生态文明建设中的低碳经济发展要求,结合边疆民族地区实际,全面推行低碳经济,促进发展模式、生产方式、生活方式的全面转变,努力建设资源节约型、环境友好型社会,促进边疆民族地区生态文明建设,实现经济社会又好又快发展。

2. 加强生态安全立法和执法工作,努力把云南建成全国重要生态屏障。

随着我国生态环境保护立法不断完善,《环境保护法》《野生动物保护法》《水土保持法》《防沙治沙法》《风景名胜区保护条例》等法律法规陆续颁布实施,但就总体而言,仍存在保护范围狭窄、立法理念落后、法律条文陈旧、震慑力和影响力薄弱等问题。近年来,建设生态云南的进程明显加快,2007年2月,云南省启动历史上最大环保行动——"七彩云南保护行动";2008年2月,《滇西北生物多样性保护丽江宣言》

---

① [美] E. P. 奥德姆. 生态学基础 [M]. 北京:人民教育出版社,1981:261.

向世界彰显了云南对生物多样性保护的决心；2009年2月25日，云南省审议通过了《中共云南省委、云南省人民政府关于加强生态文明建设的决定》。在此基础上，云南加快出台一系列地方性法律法规，逐渐打造一系列操作性强、地域特征突出和凸显云南生态保护要求的现代生态文明建设制度体系。2020年5月，云南省通过《云南省创建生态文明建设排头兵促进条例》，强调以习近平生态文明思想为指导，把生态文明建设放在突出的战略位置，融入经济建设、政治建设、文化建设、社会建设各方面和全过程，建立健全生态文明体系，全面提升全社会的生态文明意识，弘扬民族优秀生态文化，推动我省生态文明建设达全国领先水平。

3. 加强生态效益补偿制度的研究和构建。

完善生态补偿机制是环境保护、环境建设与市场机制相结合的一项制度性创新。云南在1984年就率先进行最早的生态补偿实践，理应加快建立和完善公平合理的生态补偿机制，在生态补偿制度构建方面做出新的贡献。必须坚持"谁开发谁保护、谁受益谁补偿"的原则，进行科学测算，合理增加生态补偿标准。补偿标准是生态补偿的核心，关系到补偿对象的经济利益、补偿效果以及补偿者的承受能力。针对当前存在的生态风险评估机制不健全、生态补偿标准偏低、标准缺乏论证，尤其是作为"生态服务的购买者——国家为主体的强势地位"与"生态服务的提供者——贫困农户话语权的缺失"[1]的问题非常突出，而广泛的受益企业、受益群体没有承担相应义务，不仅使生态服务受益者难以培养节约使用自然资源的意识，而且加重了国家的财政负担，也容易制

---

[1] 吕星，何俊主编.中国贫困山区生态补偿体制研究[M].昆明：云南大学出版社，2007：29.

造少数民族地区民众与生态受益区域、企业、群体之间的对立与隔膜，激化民族矛盾，影响少数民族地区的稳定与和谐。

4. 进行全民生态安全意识教育，尤其是少数民族地区居民的生态安全意识的教育。

在云南省少数民族地区长期生活的居民是生态文明建设的主体，"是保护区内外生物资源命运的最终决定力量，也是当地生物多样性最直接的利益相关者"①，在一些少数民族地区仍然存在生产、生活陋习，不仅影响生产技能水平的提高、生活质量的提高，同时加大了生态保护的成本和代价。"个别地区少数民族保留原始的生活习惯浪费了大量森林资源，造成森林资源的无序开发，加剧了生态破坏程度。"应针对少数民族文化素质相对较低、文盲半文盲比例高、环境生态意识淡薄的特点，加强对少数民族的生态文明教育和培训，采取具有地域特色、为当地少数民族乐于认同、接受的方式，同传统民族信仰、乡规民约逐渐融合，促使少数民族改变一些低效能的传统耕作模式，不断提高生产技能，在减少固定耕地的同时提高产量，降低生态保护压力；积极倡导建立低碳、绿色的生活方式，以减少生产、生活森林资源消耗的数量。

5. 重视以民间禁忌、崇拜和乡规民约等形式表现的传统信仰文化在生态保护中的特殊作用，将生态文明理念贯穿到少数民族地区经济发展的始终和社会主义新农村建设的各个环节。

云南省少数民族都非常崇拜大自然、尊重生灵，每年都举行祭山、祭海、放生等仪式，忌讳伤害有生命的动物，禁忌砍伐神山上的草木以及在神山上进行挖掘、打猎活动等等。这些禁忌使得少数民族地区大片

---

① 杨宇明，王娟，王建皓，裴盛基. 云南生物多样性及其保护研究 [M]. 北京：科学出版社，2008：216.

的神山、圣湖极少受到人为活动的影响，在保护了许多珍贵的野生动植物的同时，也保护了少数民族赖以生存的环境。在世界范围内自然生态环境退化和生物多样性衰减的背景下，传统信仰文化在自然保护中的潜在作用重新引起了人们的关注，"对神山、圣林的特殊敬畏、禁忌、关照和保护更反映了人类传统社会的自然观、环境生态观"[①]，时至今日依然对社会现实生活发挥着影响。这些或多或少地带有神秘色彩、宗教色彩的民间禁忌、崇拜和乡规民约在云南少数民族地区认同感高，影响力大，应积极发掘整理，吸纳到现代生态安全保护理念、体系和制度中来，在生态文明建设进程中发挥更为积极的作用。

6. 充分利用资源优势，积极研发新型产业，尤其是发展具有地方特色、合理利用本地资源的生态旅游产业。

在长期的社会发展过程中，云南省各民族在特有的自然和社会经济条件下，"形成了具有鲜明特色的民俗风情，具有发展生态旅游业的优越条件，生态旅游是云南旅游的主体，保护民族文化和优秀的民族风俗是生态旅游的内涵。"[②] 民俗旅游、生态旅游作为高层次的文化旅游，对管理部门和游客都提出更高的要求，应把其纳入法制化管理的轨道，使其在生态环境承载力许可的范围之内，健康有序地向前发展。旅游管理部门应始终坚持"保护第一"的宗旨，树立科学的生态旅游开发理念，摒弃以往一味局限满足传统吃、住、行、游、购、娱旅游六大要素的理念，避免使生态旅游区蜕变为"山沟里的都市"；对游客来说，应充分认识个体旅游行为与生态保护之间的关系，努力做到"除了照片，

---

① 杨宇明，王娟，王建皓，裴盛基. 云南生物多样性及其保护研究［M］. 北京：科学出版社，2008：225.
② 张彤. 云南是生态旅游的胜地［N］. 云南日报，2008-8-15.

什么都不带走；除了脚印，什么也别留下"的文明生态旅游。

7. 积极参与生态安全的国际合作，充分发挥地缘优势，为长江流域、珠江流域乃至东南亚、南亚地区的生态建设作出贡献。

为贯彻落实国家提出的"与邻为善，以邻为伴"的周边外交战略，在实施云电东送、云电外送工程的过程中，由于云南一直注意处理好生态保护与开发之间的关系，积极作为、措施有效，不仅有利地支持了周边国家经济社会的发展，扩大与周边国家的经济技术合作与交流，而且对下游其他国家的生态环境保护起到了良好示范作用，同时也凸显我国"睦邻""富邻""安邻"的和谐外交政策，为中国树立负责任的地区性大国的形象添分，具有着重要的国际政治意义。

生态安全是国家安全的重要组成部分，生态环境直接关系到国家主权、公民的生存权、发展权以及社会的和谐稳定。2020年是中国脱贫攻坚决战决胜之年，云南各族人民在党中央的坚强领导下，用发展的办法来巩固脱贫，以发展的办法来维护安全，如期完成了新时代脱贫攻坚目标任务，使困扰云南千百余年的绝对贫困问题得到历史性解决。加强少数民族地区生态文明建设，不仅是促进社会经济发展、维护民族团结与统一、保障国防安全的现实需要，也是人类不断追求人与自然的和谐，实现社会全面协调可持续发展必然的价值取向和最终归宿，具有重要的理论意义与现实意义。

基于生态安全视域的云南少数民族贫困地区脱贫路径研究

——以怒江州为例①

本文首先对怒江地区地理环境和生态格局特征进行分析，对导致怒江贫困的社会经济、历史地理原因进行评述，继而分析该地区的贫困文化现象，最后从怒江地区实施反贫困政策的社会价值，促进社会发展与实现生态保护，为实现精准脱贫提出对策性建议。

安全一词最初指人类哲学和心理的精神状态维持稳定、保持功能正常的状态或标志。生态安全的概念源于生态恶化和生态破坏等生态问题以较大规模、较为普遍地直接威胁到人类自身的生存与安全提出的，它反映了人类对于生态问题引起的安全问题以及安全问题所涉及的生态问题的深切关注。生态安全是在人与环境的关系过程中，人类生存环境或生态条件的一种状态，是维持人与自然生命共同体、人类社会经济可持

---

① 本文为国家社科基金西部项目《生态安全视域的西部地区生态文明建设研究》（13XKS018）阶段性研究成果，作者为刘小勤、郑海涛。

续发展的一个必要条件，是国家安全和公共安全的一部分。新一代中央领导集体把维护生态安全放在国家发展战略的突出位置，创造性地提出要"划定生态红线，构架科学合理的城镇化推进格局、农业发展格局、生态安全格局和区域生态安全，提高生态服务功能"①。

云南省是我国集边疆、民族、山区和贫困为一体的省份，在全省126个农业县（市）中有73个"国家扶贫开发工作重点县"，占全国"国家扶贫开发工作重点县"的12.33%，而云南29个民族自治县中有20个国家级贫困县，其贫困面大、贫困程度深、少数民族比重高是云南地区贫困的突出特征。云南生态区位非常重要，生态脆弱性特征突出，兼具多民族、多文化、自然资源丰富、经济发展水平相对落后，在加快社会、经济发展的过程中，面临着生存、发展、保护三重任务相互交织的严峻现实。由于自然、地理环境与人为因素交错，面临着生态环境脆弱、生态保护任务重、自主发展能力弱的突出问题，生态建设和环境保护必须有机结合起来，加强生态修复和环境保护，以发展促进保护，以保护引领发展，真正体现西部地区作为全国或区域性的重要生态功能区的定位。

一、怒江地区地理环境概述

怒江傈僳自治州（简称怒江州）位于青藏高原东南部，自然灾害频繁，生态系统结构处于极大的不稳定和强烈的变化之中，生态环境变化剧烈，由于"青藏高原是我国最大的生态屏障，它直接影响着中国

---

① 习近平在中共中央政治局第六次集体学习时强调 坚持节约资源和保护环境基本国策 努力走向社会主义生态文明新时代［N］.人民日报，2013-05-25（1）.

季风气候的形成和演变，素有生态源、气候流之称"①。怒江地处世界屋脊的青藏高原南延部分横断山纵谷地带，地势北高南低，整个地势由巍峨高耸的山脉与深邃湍急的河流构成。自西向东由担当力卡山、高黎贡山、碧罗雪山、云岭山脉呈北南走向的褶皱山系和独龙江、怒江、澜沧江3条自北向南大江深切谷相间排列，贯穿全境，是世界最长的高山峡谷之一。怒江峡谷长316千米，平均深2000米，汛期呈U型，旱期呈V型。②

以粮食为代表的农作物是人类创造的主要财富和价值形式之一，而怒江地区的耕地作为最基本的生产资料，明显受制于恶劣的自然地理环境因素。怒江州位于滇西横断山纵谷地带，是典型的高山深切割地貌，98%以上的面积都是高山峡谷，耕地资源严重匮乏；耕地坡度在25°以上的面积为8910.43平方千米，占87.7%；坡度在35°以上的面积为4064.94平方千米，占40%。有关研究表明，25°是土壤侵蚀发生较大变化的临界坡度，25°以上的土壤流失量高出普通坡地的2~3倍。兰坪通甸、金顶有较为开阔的山间槽地和三江河谷边的冲积扇、冲击堆成为怒江州主要的农作区。在耕地数量严重不足的情况下，土地的质量堪忧。恶劣的地形、地貌和气候条件导致土地垦殖指数偏低，陡坡种植土壤附着力低，土壤侵蚀与地形坡度、降雨及植被状况关联性较强，肥力弱，致使水土流失严重，"撒一箩种一坡"，农业耕作收益低下，土地的生产力非常低下。由于人地矛盾尖锐，森林水源的涵养功能急剧下

---

① 张惠远，王金南，等. 青藏高原区域生态环境保护战略研究 [M]. 北京：中国环境科学出版社，2012（5）：7.
② 怒江傈僳族自治州人民政府主办. 怒江傈僳族自治州年鉴2014年 [M]. 昆明：云南民族出版社，2014（12）：31.

降，毁林开陡坡垦殖现象一度非常严重。

二、怒江地区生态格局的特征

生态脆弱是怒江地区生态格局的突出特征。葛珺沂指出，我国现有的国家级贫困县中，有70%都处于生态脆弱区，"生态环境的脆弱性是区域性农村贫困的重要根源"①。生态脆弱性主要是指对人类生存和发展而言，生态环境稳定性差、生物组成和生产力波动性大，对人类活动及突发性灾害等外界压力而引起敏感性变化，超过自然环境自身恢复能力，易于向不利于人类利用方向演替，是生态系统固有的一种属性。怒江地区贫困发生率高、贫困深度重与生态环境状况存在着极为密切的关系，由于自然条件恶劣、地质灾害频发，生存条件恶化、生态环境脆弱，经济增长水平与拥有的资源状况形成强烈的反差。

地质构造是怒江大峡谷生态、生物、气候带状展布的基础，由于地质构造运动强烈，褶皱断裂发育，岩石破碎，导致泥石流、滑坡、崩塌等自然灾害多发。怒江境内海拔最低738米，最高5128米，海拔高差达4390米，复杂的地域环境影响热量条件的再分配，导致各地温度差异大。怒江地区的灾害干扰主要有两种类别，天气灾情和地质灾情。怒江地区主要有干旱、洪涝、大风、冰雹、雷电等灾害。主要表现为冬春季节干旱突出，局部大雨、暴雨、强对流天气，部分山区山洪、泥石流、滑坡崩塌自然灾害频发，进一步加剧了水土流失。而地质灾害与气象灾害紧密相关，由于河流深切、切割强烈，河谷两侧峡谷陡峭，暴雨造成山洪暴发、泥石流灾害频发，加上长期不合理的生产活动和资源利

---

① 葛珺沂. 西部少数民族地区贫困脆弱性研究［J］. 经济问题探索，2013（08）：163-170.

用方式，致使生态环境不断恶化，植被逐渐消退，生态系统抗扰动能力较差。诸多因素决定了该区域承受人类活动干扰强度的阈值较低，是典型的生态脆弱地区。特殊的地形、地貌和复杂的气候导致云南怒江地区脆弱的生态环境，极易发生自然灾害，历史上素有"灾害年年有，无灾不成年"的说法。在怒江地区，因灾致贫、因灾返贫现象普遍，而且灾后自救和灾后恢复能力较弱。

怒江地区生态格局的形成既受自然环境的制约，又受到人类活动和社会经济条件的干预。影响生态安全格局形成的生态因素称为干扰，按其来源可分为灾害干扰和人为干扰。人为干扰可以分为有利干扰和不利干扰。促进土地逆转的人为干扰可以称为有利干扰，包括植树种草、退耕还林，实施合理开垦和适度放牧等。怒江州地形地貌以高山峡谷为主体，海拔高差达4408米，可供人类生存的空间非常有限。生态环境形成了以高程分布呈现明显的立体差异，形成了河谷生态恶化区（海拔2000米以下）、半山生态脆弱区（2000~2500米）、山顶生态相对完好区（2500米以上）的三种高程差异明显、不同类别的生态区并存的局面。河谷生态恶化成为生态环境最恶劣的地区，由于生态脆弱、土层贫瘠，土地生产能力易受到干扰而大幅降低或丧失，而且溶蚀、水蚀作用显著，植被恢复困难，地表土层开发利用程度低，生态敏感度高，环境容量低，抗旱寒能力差，稳定性差，森林植被受到破坏后极易造成水土流失。大量的陡坡耕地急需治理，生态脆弱地区生态恢复和建设任务繁重。基于怒江地区生态脆弱型的格局特征，州政府提出生态立州的理念，着力实施"山顶封和禁、半山移和退、河谷建和育"的三大功能区建设，但因历史生态欠账和现实财政自给困难等制约因素影响，怒江州生态环境保护和生态恢复工程依然面临严峻形势。

三、怒江地区的社会经济特征解析

怒江中下游滇西地区，位于我国西南边陲，怒江州边三县的国境线长 449.5 千米，占中缅边境线总长的 20%，占云南省边防总线的 10%以上，贡山县、福贡县和泸水县都属于边境县，因此怒江承担着固边守疆的重任，维护边疆的社会稳定工作尤为重要。由于地处偏僻、交通阻滞，农业技术落后、劳动生产率低，自然资源的利用效率低下的同时伴生着对自然资源较高的依赖度，对生态环境的压力过大，经济贫困与生态退化的恶性循环是影响地区可持续发展的重要原因。怒江地区贫困有着深刻的历史原因，各少数民族为躲避历史上的民族压迫和奴役，被迫进入山高路险的深山生活，由于交通阻滞、社会发育形态迟缓，逐渐形成几近封闭的社会系统。中华人民共和国成立后，怒江地区各民族在党和国家的关怀和统一部署下，得以跑步实现进入社会主义社会的历史性跨越。在短短半年左右时间，怒江地区社会形态的发育实现跨越式跃迁，但影响经济社会发展的各种基本要素却难以在短时间得到根本改变。

怒江州辖泸水、福贡、贡山独龙族自治县和兰坪白族普米族自治县，所辖 4 县均为国家级贫困县，其中有两县是整体"直过区"，29 个乡镇中 18 个乡镇属于整体"直过区"，直过人口占全州总人口的 62%；而"三江沿线"区域内有 12 个直过民族，共计 138 万人。在云南"直过区"和直过民族中，教育贫困现象十分严重，青壮年文盲率居高不下，"直过区"人均受教育仅为 3.95 年，文盲率比全省高 20.71%。怒江州基础设施建设非常薄弱，规划区域没有铁路，公路运输成为全州唯一的交通方式，公路网不健全，呈鱼刺状结构分布，没有国道穿越，现有公路等级低，由于道路狭窄，易受天气灾情和地质灾情影响，交通畅通能力较差，这些成为制约怒江州社会经济发展的主要瓶颈。

怒江少数民族地区由于贫困与脆弱的生态环境的地理耦合，使贫困、资源和人口之间形成了一种恶性循环。怒江地区位于省域经济发展辐射圈的边缘地带，为典型的边缘性贫困、条件性贫困，远离经济发达的中心地区。由自然禀赋差、社会发展迟滞引发的经济贫困现状伴生的社会文化贫困现象更为突出，传统生产、生活方式的惯性大，社会保障水平低、文化教育落后、人口教育素质低下，观念滞后。从纵向来看，国家长期以来坚持对怒江采取的扶贫政策是有成效的。2014年，怒江州贫困人口从2012年的23.99万人减少到19.17万人，减少4.82万人；贫困发生率从2012年53.9%降到43.08%，下降10个百分点；农民人均纯收入从2012年的2773元到2014年的3251元，增幅达17.2%。与2004年对比，农民人均纯收入948元，增长幅度不可谓不大。2014年，怒江城镇居民可支配收入15999元，增长12.5%；农民人均纯收入3251元，增长17.2%。但就横向而言，由于历史原因、自然地理环境因素影响，怒江各族人民彻底摆脱贫困还是一个艰难而漫长的任务。怒江是集边疆、民族、贫困、高山为一体的自治州，经济发展水平仍然十分落后，怒江农民人均纯收入只有全国平均水平的1/3，云南省平均水平的1/2。解决贫困农村的教育问题、卫生医疗问题、妇女脱贫问题和生态恶化问题等，都需大量艰苦、细致的调查研究和深入思考，方能制定出切实可行的精准脱贫对策。

四、怒江地区的文化贫困现象解析

少数民族地区生态环境的特殊性和脆弱性决定了对贫困地区少数民

族贫困文化现象进行分析具有重要的意义。云南少数民族地区的人口分布主要在边缘地区，其显著的特征就是边远偏僻，远离国家政治经济中心，由于受地理环境和气候条件的影响，自然灾害较多，交通信息闭塞，生存环境恶劣，耕地破碎贫瘠，生产、生活和生存条件极差。自然条件恶劣，资源匮乏是导致贫困的主要原因。我国学者孙祁文曾经指出，"中国农村贫困的产业根源是农业的落后，即农业的贫困"①，怒江地区是一个以传统农业为主的高山峡谷地区，农业结构单一、布局不合理，品质低、效益低、产业化程度低的问题长期存在②，以致不得不严重依赖农业，而农业依赖自然条件，农业生产受到自然条件的制约，因此当地农民仅靠自身力量无力改变现状。

对于贫困地区文化现象解析是一个非常敏感的问题，每一个地区或者国家都有其独特的文化环境，而文化对微观主体的经济行为有着显著影响。一般说来，贫困文化的解析常常来自区域外部，容易引发研究区域内部群体的拒斥心理。所以，贫困文化的解析应该建立在对研究区域较为全面、周密分析的基础上。正如杰拉尔德·迈耶所说："文化批评还直接触及民族情感，对民族认同和自尊造成伤害。如这种批评来自外界，无论多么含蓄和委婉，都会给人一种居高临下的感觉。善意的批评者都要知道要避开这个问题。"③ 奥斯卡·刘1959年在其著作中较早地将贫困与文化联系在一起，他认为穷人之所以贫困和其拥有的文化有关，并认为这种文化是比较固定的、持久不变的生活方式。这种文化体

---

① 孙祁文，杨丽贤. 中国贫困与反贫困 [M]. 成都：四川大学出版社，2012：56.
② 葛中曦，丁扬，李益敏. 多民族及生态脆弱地区产业结构演替及生态环境效应——以云南省怒江州为例 [J]. 安徽农业科学，2015，43（19）：325.
③ [美] 杰拉尔德·迈耶，等. 发展经济学前沿——未来展望 [M]. 本书翻译组，译. 北京：中国财政经济出版社，2004：22.

现在人们有一种强烈的宿命感、无助感和自卑感。① 由于历史和地理环境的闭塞,怒江少数民族文化形成了一个较为特殊的"孤岛文化"现象。贫困和贫困文化逐渐形成一种隐性的恶性循环模式:生活在贫困地区的人缺少取得高成就的动机,他们受教育少、层次低,竞争能力弱,因此,只能从事收入低的职业且处于社会底层,这样使得他们更加贫困,因此他们常常表现两种看似矛盾的极端心理:对环境资源怀有强烈的依赖性,又长期受制于经济贫困的现状,要么在主观意愿上表现安于贫困的现实,自身减贫动力不足;要么表现为急切地渴望改善生存条件,提升生活质量。如果缺乏科学指导和合理规划,往往加重生态环境保护的压力,造成生态环境透支,甚至直接构成对脆弱生态环境的破坏。文化贫困现象主要出现在边远农村,与经济贫困不同,文化贫困是人们主观心理上对贫困的绝望与悲观,主要表现为观念陈旧、排斥主流、自我封闭,生活方式陈旧、婚育观念滞后和受教育程度低等。

在贫困地区,由于人们抵御自然、社会风险的能力降低,难以阻挡意外之灾,一旦一个家庭遭受严重疾病或自然灾害等重大变故,可能陷入长久的贫困境地。文化贫困现象也突出表现在一些少数民族精英走向富裕的过程中,可能腰间的钱袋鼓起来,但是精神贫困的现象依旧。与当下中国很多农村常见的"空心化"现象相伴生的是一些摆脱贫困的村民在重大节假日返乡之后,除了打牌、酗酒、赌博之外,缺乏更高层次的文化娱乐活动,更少有提升职业技能、增强生存能力,培养职业发展的意识。

---

① 李学术. 西部民族贫困地区农户创新行为研究——基于云南省的案例分析 [M]. 北京:经济科学出版社,2011:29.

五、破解生态环境脆弱困境的路径选择

中国作为全球减贫事业贡献最大的国家，已逐步摸索出一条符合中国国情的"政府主导、自力更生、开发扶贫、全面发展"的扶贫开发之路。从一定意义来说，贫困也是对生态安全的威胁。怒江地区由于贫困面广、贫困人口多、贫困程度深，智力性贫困与边缘性贫困交织，区域性贫困与历史性贫困并存，属于我省扶贫攻坚战的"硬骨头"地区。兼具生存、发展和生态保护的三重任务。目前，深度贫困人口又往往集中在生存条件恶劣、基础设施条件差、生态环境脆弱的地区，脱贫的道路艰难而曲折。现实迫使人们在生态脆弱地区实现摆脱贫困阴影，必须深刻总结过往扶贫政策的经验与教训，创造性地探索出兼顾生态保护与社会经济协调并进，实现经济发展、生态改善、农民增收"三赢"的发展道路。

怒江地区的贫困现状包含深刻的特殊自然、社会、文化历史背景，反贫困政策的实施，蕴涵着社会经济持续发展、社会公正、生态安全以及道德进步的多重价值内涵和社会意义。从怒江峡谷区域来看，由于社会发育进程的相对迟缓，农业基础薄弱，生态环境保护与环境承载能力的特殊性，造成环境容量难以承载现有人口，人地矛盾尖锐，高海拔山区恶劣的自然条件、气候，退化的生态环境和社会发育程度较低等因素均对社会经济发展产生不利影响，使得这一地区长期处于深度的综合性贫困中。不仅给三江并流世界自然遗产地的生态保护带来很大阻力，也给怒江人民自身的脱贫带来困难。如何在促进当地经济社会发展的进程中，协调生存、发展与生态环境保护，保障生态安全、生物多样性保护等问题，成为我省贫困地区发展中面临的重大课题。"贫困本身并不一定必然导致生态环境脆弱,它取决于贫困人口拥有多大的选择余地以及他们对外界压力和刺激的反应方式。然而由于可行选择极少,贫困剥夺了其作出反应并采取行动的能力,所以导致其采取短视的行为,并因此造成生态环境的破坏。"①

1. 立足于怒江地区自然地理环境现状以及生态脆弱的格局特征,党和国家扶贫战略要求创新扶贫模式,实现精准化扶贫,这对我们在界定、识别扶贫对象、创新扶贫方式、注重扶贫成效方面提出全新要求。精准扶贫开发必须和社会保障双轮驱动,在社会保障、社会救助的安全网托底的基础上,贫困人口生存有基本保障的前提下,有针对性地实施对有劳动能力的贫困人口的扶持更能体现扶贫开发的社会附加值。

在维护贫困人群生存权的前提下,提供贫困地区可采用的替代技术和替代资源,不断减轻自然资源和生态环境的压力,在减缓贫困的过程中逐渐实现近期利益与远期利益的融合,以实现可持续发展目标。首先,必须坚持开展地质灾害的工程防治,加强生态环境治理恢复与保护。应该根据各地具体情况,因地制宜地采取生物治理措施和工程治理措施,控制地质灾害的发生,减少危害。其次,强化区域地质灾害监测与防治,加强大型地质灾害地的生态治理与修复。对陡坡旱地退耕还林,恢复森林植被,减少人类活动对坡体自然平衡的破坏,防止水土流失和自然灾害的发生。再次,积极发展生态经济,有效促进生态脆弱格局的恢复,遏制生态脆弱、恶化趋势。怒江确立优先发展生态建设思路,努力突破传统陡坡种植模式,发展生态经济,突破环境制约,加强生态环境的保护和修复,建立长效机制,变单一的自然保护为综合的生

---

① 乔世明. 少数民族地区生态环境法制建设研究 [M]. 北京:中央民族大学出版社,2009:53.

态经济建设，走绿色产业、生态产业化发展道路。利用当地独特的立体型气候，雨量充沛、空气湿度大，适宜发展多种经济林生长的有利条件，种植漆树、油桐、草果、花椒、云黄连等中药材，以实现促进农民增收和逐步改善生态环境的目标。

2. 立足全国生态屏障的高度，适当提高补偿标准，维护好天然林保护项目区群众的根本利益，把区域脱贫与生态补偿机制紧密联系起来，实现对社会效益、经济效益和生态效益的均衡发展。

就自然资源禀赋来说，怒江地区历史上具有林业资源非常丰富的突出优势。50%以上的国土面积被划分为天然林保护区、生态公益林区和自然保护区，是我国大江大河的上游区，承担着我国长江流域、珠江流域的生态屏障重任。天然林保护工程管护面积使有限的土地利用资源空间受到挤压，导致了地方经济发展过程中土地资源严重受限，一些项目实施过程中因为土地资源影响，造成相关项目选址难、落地难。

造成怒江地区长期贫困的历史和地理因素错综复杂，区域生态系统自身的脆弱与人为扰动因子相互作用而导致社会经济发展长期滞后，因而国家应该更进一步完善生态补偿。天然林保护工程实施最直接的影响是限制了森林资源的利用，减少了地方及群众从相关产业获益的机会，保护与开发、保护与发展的矛盾依然突出。生态环境是国家公共产品，怒江地区的生态区位非常突出，在国家生态屏障规划中局部利益服务于全局利益，生态安全义务的承担与履行是以当地民众生态受益权的牺牲为前提的，比东部、中部地区承载了更大的生态环境责任。在生态功能区，应通过中央专项转移支付制度，解决处于生态功能区的社会保障制度，以开发扶贫促进发展，以保障扶贫确保生存。天然林保护工程的预算方式采取动态预算，根据政策实施的不同阶段及实际情况的变化做出工程投资项目、标准和投资水平等相应调整，确保森林管护费补助、公益林建设、政策性补助正常合理运转。

天然林保护工程项目事关我国发展建设全局，站在国家和民族发展全局的角度，着重抓好生态保护、生态经济、生态移民、生态补偿等关键环节，加大力度抓好自然生态修复，加强灾害防御防治能力建设，把生态文明建设贯穿怒江经济、社会发展的全过程。由于当地少数民族未能从天然林保护工程直接受益，必须加大生态补偿力度，"使生态保护不再是政府的强制性行为和单纯的社会公益事业，而成为投资和收益相称的经济行为"①，鼓励人们逐步实现保护生态环境从被动行为到主动意识和自觉行为的转变，把生态保护成果转化为经济效益，从而实现生态效益与经济效益、社会效益的协调统一。

3. 必须充分考虑其社会经济发展程度、生态环境承载力状况、国际环境保护趋势等多方面因素，适度开发怒江生态旅游。

怒江是云南面积最大、景观最丰富的旅游之地，具有得天独厚的生态旅游资源优势。生物多样性相对完整，独特的峡谷景观地貌、茶马古道旧迹、浓郁的少数民族风情，都是吸引海内外游客的主要旅游优势。怒江被称为地球上极为宝贵的物种和遗传基因库、水塔和碳库。怒江境内国家级高黎贡山北段自然保护区和国家怒江自然保护区，适宜进行科学考察、自然观光及探险和民族风情旅游。

怒江地区生态旅游资源丰富，同时伴生生态环境脆弱、交通基础设施建设相对滞后、生态旅游开发承载力有限的现状，如何在保留原有旅游特色的同时，实现变资源优势为经济发展优势的问题值得深入探讨。

---

① 赵丽，等. 环首都贫困地区土地利用变化对生态系统的影响机驱动因素分析 [J]. 中国农业资源与区划. 2013（5）：80.

怒江区域开展生态旅游，首先必须充分考虑其社会经济发展程度、生态环境承载力状况、国际环境保护趋势等多方面因素，在深入分析全球气候变化和人为因素影响的基础上，适度发展低密度、面向小众开发的高端生态旅游。其次，立足区域生态屏障保护与建设的高度，利用快速、准确、便捷的遥感技术对生态环境进行及时监测评估，对一些重要的生态环境因子进行长期的跟踪监测，以获得稳定的数据资料，为科学决策和应对措施提供必要的技术支撑。第三，应该从自然、社会和经济三个方面选取有关要素作为综合评价生态环境质量的指标因素，用生态环境承载力、稳定性、生产力、缓冲力和调控、管理分析旅游持续发展能力，对旅游环境、经济发展的协调性和适应性进行评价，对超负荷重大环境问题做出监测预警，调整旅游发展政策，逐步改善环境结构。

"发展生态旅游的核心就是尊重自然的异质性，尽量减少对环境的影响和致富当地的居民。"① 要根据生态脆弱地区和重点生态功能区的功能定位，对水电资源实现限制开发，对国家级自然保护区、国家重点风景名胜区及其他具有特殊保护价值的地区，禁止开发水电资源，以保证区域内留有适当比例的自然河流河段，以保护区域脆弱的生态环境和生态多样性。

4. 在外来文化的强势冲击下，注重保持和维护少数民族生态文化的传承，尤其是云南少数民族生态伦理思想的发掘与传承，不断加强少数民族的文化素质和职业技能培育。

民族文化素质是少数民族在长期的物质资料生产和精神产品生产的过程中积淀下来的认识世界、改造世界的能力，是一个地区经济社会文

---

① 邓光奇. 民族地区生态旅游发展研究 [M]. 北京：中国财政经济出版社，2013：337.

化发展的决定性因素,也是推动少数民族发展重要精神助推器。怒江是少数民族聚居区,具有独特的传统文化,加上历史上西方殖民势力与宗教文化的渗透,形成具有较大影响的宗教基层群体,以福贡县为例,信仰基督教的人口比例达到70.7%。无论是实施社会主义新农村建设,抑或实施易地整体搬迁工程,都必须充分尊重少数民族民俗传统文化,尊重宗教信仰、民俗习惯,在传统民居的保留、具有历史文化价值村落的保护等问题上,既要考虑避让自然灾害风险,又要着眼于保护生态环境和土地增值潜力,促进农业结构的调整。

怒江地区少数民族信教群众多,以傈僳族为主体的少数民族经过长期历史积淀,形成了一系列带有浓厚的神秘色彩、宗教意蕴的民间禁忌、崇拜和乡规民约,其中包含着敬畏自然、维护生态安全的积极取向,在村民中认同感高、影响巨大。怒江地区的藏族、傈僳族、怒族在千百年的历史发展进程中,逐渐形成对大自然神灵的崇拜心理,"在这一集体意识形态和巨大向心力的支配下,深信千万不能触犯这些精灵,否则就会给自己带来灾难和不幸"[①]。这些尊重自然、敬畏自然、尊重万物生灵的观念在怒江地区各民族文化和观念中根深蒂固,已经牢固内化于少数民族内心,形成了在长期生产活动中对生态环境的自我保护机制。这些是当前开展区域生态保护,发展生态文明的有力支撑。应在对传统生态意识深入发掘、积极传承的同时,不断吸纳现代生态安全保护理念、体系和制度的研究成果,以便使之在生态文明建设进程中发挥更为积极的作用。

应该充分发挥民族生态文化的自我保护机制。首先,将生态立法与

[①] 张惠远,王金南,饶胜等编著. 青藏高原区域生态环境保护战略研究[M]. 北京:中国环境科学出版社,2012:39.

少数民族的生态伦理保护文化紧密结合，协调少数民族文化传承和生存发展需要之间的内在矛盾，调整经济发展和生态环境保护文化诉求之间的矛盾，对新建设项目可能引发的环境、民族文化冲突应进行充分、严谨的论证，严格控制开发规模和方式，适度控制旅游客流规模，以减轻外来文化的冲击。其次，开展全民生态绿色环境教育活动，注重对怒江当地民族生活方式、生产方式的引导调整。近年来国家加大社会主义新农村建设，尽管一些农户家中已经普及电力、煤气罐等设施，却囿于传统生活方式、极少使用，一些农户家中还是因为采取木柴取暖、做饭，把家里熏得漆黑。究其原因，还是觉得一家人围坐火塘的方式温暖、热闹、亲切，当然也有基于生活成本考量的重要因素。看来在生态脆弱地区，要改变沿袭千年的生活、生产方式尚需时日。逐步构建覆盖全社会的生态文明教育体系，培养公民的生态忧患意识、参与意识、责任意识任重道远。第三，文化扶贫应该与科技扶贫、教育扶贫有机融合，扶贫对象从家庭扶贫转移到家庭子女扶贫上，在促进少数民族文化素质提升的过程中，不仅要帮助少数民族实现文化素养的提高，也要注重职业技能的培育，在外界强势文化的冲击和影响下，一方面保持高度的民族文化自信，实现在新的历史发展进程中使其民族文化发展得以创新与传承，另一方面要改变少数民族就业技能相对低下的现状，不断激发少数民族群体自主性、积极性和创造性，培养适合地区经济发展的未来技术精英。

基于生命权视域的农民工
职业健康权制度伦理构建[①]

——以云南昭通地区水富县农民工为例

农民工作为当前中国社会中受职业病危害最严重的群体,其职业健康权益的维护应该引起高度关注。本文从生命权的视角分析职业健康权的主要内涵,以水富县农民工为例,揭示农民工职业健康维权的现实困境,在对影响农民工维护职业健康权的主要因素进行解析的基础上,最后提出在政治高度和战略高度确保社会权利平等实现,赋权于民,健全社会保障机制,完善职业病防治法律制度,加强职业健康维护监管,最终实现农民工职业健康维权常态化目标。

一、职业健康权:公民生命权的重要内容

随着我国工业化和城镇化进程的加快,越来越多的农村剩余劳动力转向了城镇,逐步形成了一个特殊的社会群体——农民工。农民工这一称谓本身就是我国现代化进程的折射,其社会身份是农民,职业是产业

---

① 本文发表在《医学与哲学》2014年4月第35卷第4A期。

工人，居住地在城市或城镇，是我国长期以来形成的城乡对立的二元社会结构的特殊社会背景下的产物。农民工成为我国工人阶级中的一个重要部分，一个正在崛起的产业工人阶层①，这一特殊的社会群体用他们的汗水和智慧为中国社会经济的进步和繁荣做出不可磨灭的贡献。但就其自身权益角度来说，农民工是一个在一段时期内被社会保障体制所忽略的弱势边缘化群体，"走出农村的农民工虽然从事非农产业，但由于他们还是农村户口，所以仍被屏蔽在城市的保障外"②。

目前我国职业病危害接触人数、患病人数和新发病人数均居世界前列，而农民工是受职业病危害最严重的群体。尊重生命，不是对抽象意义上的生命存在关注，而是对现实的、具体的个体生命权利的呵护与关注。"一个文明的社会，必然是张扬生命价值和保障生命权利的社会"③。生命权是指生命不被任意剥夺的权利，是人类尊严和所有权利的起点，个体的生命权同时具有社会共同价值秩序的性质。生命权是第一人权，集中体现了人的尊严与自由，国家有义务保护人的生命，保障人的生命得以健康延续。在生命权的基础上延伸出健康权、劳动权、休息权和获得报酬权和获得救济的权利。"国家要创造条件，维护人性尊严，尽量减少因饥寒、疾病和其他原因而对人的生命权造成的威胁"④。健康权与生命权、生存权息息相关，一旦健康权遭到侵害，势必将危及人的生命权、生存权。农民工职业健康权有两个方面的基础权利：一是

---

① 谢建社. 风险社会视野下的农民工融入性教育 [M]. 北京：社会科学文献出版社，2012.
② 周豪，王楠，王德强. 农民工职业病危害现状及健康权的法律保障研究——从张海超"开胸验肺事件"引发 [J]. 法制与社会，2009，(10)：347.
③ 张英洪. 农民权利论 [M]. 北京：中国经济出版社，2007：74.
④ 朱新山. 中国农民权益保护与乡村组织构建 [M]. 上海：上海大学出版社，2011：76.

有在无害于健康的环境中劳动的权利;二是农民工因工作环境中有害因素致病后有及时得到医疗和救治的权利。

二、农民工职业健康权利的现实困境

由于受到科学文化因素、就业技能竞争力、户籍制度等因素制约,农民工往往只能从事城市中劳动条件最差、劳动强度最大、工作环境最苦、职业风险最高的工作,加上市场关系、用工关系的规范化程度不高,农民工就业的企业大多生产条件和设施简陋,生产环境恶劣,劳动防护措施较差,长时间在有毒、有害、粉尘、污染的作业场所中进行高强度作业,农民工作为劳动者最基本的需求和权益难以得到满足和保障,工伤事故、职业病已经严重威胁到农民工的生命健康权和安全工作权。我国目前劳动者的职业健康监护覆盖率很低,世界卫生组织评估中国职业卫生服务覆盖率只有10%①。在严峻的社会现实中,农民工职业健康权的维护面临重重阻碍。

职业健康权之一:在无害于健康的环境中劳动?

农民工外出打工的第一动因就是改变生存现状。云南省水富县是一个劳务输出大县,尽管在云南省属于县域经济较为发达的地区,但在距离县城约2、30公里的向家坝永安、大池、楼坝3个村中的一些农民迫于生计远赴他乡外出打工。对于农民工而言,当不得不在改善生存现状的急迫需求与维护自身职业健康之间做出选择时,生活的压力往往迫使他们难以做出理性的选择。以上三个村中的农民工所去的安徽省凤阳县本身就是一个劳务输出大县,当地石英砂厂的用工一度以本地工人为

---

① 苏志. 以人为本 着力解决职业病防治瓶颈[J]. 中国卫生监督杂志,2008,15(2): 108.

主，在逐渐了解石英砂场的作业危害后，当地农民纷纷选择其他务工途径。当地人不愿选择的石英砂厂却成为水富籍民工赴皖打工的首选之地，一度成为令人羡慕的山区农民的致富捷径。

在劳务市场组织发育不完善时期，农民工劳务输出途径多是依托非正式组织的输出形式得以实现，地缘、亲缘、血缘关系在劳务输出过程中发挥着重要作用。由于交通阻滞、就业信息狭窄，农民工首次外出主要是通过血缘、亲缘关系获得就业信息，对所从事的工作性质、可能存在的职业危害因素等一无所知。课题组成员在走访患尘肺病的农民工时发现，他们不约而同地提出赴皖打工最具有诱惑力的理由就是"那些老板不欠薪，能够拿到现金。"当第一批前往安徽石英砂厂打工回来的乡亲带回现金时，整个村庄为之轰动，成为村民羡慕的对象。据统计，安徽凤阳县在2009年共有石英加工企业489家，其中干粉生产企业258家。大多为家庭小作坊式加工企业，用工多在4至6人之间，还有2至3人的。很多砂厂管理混乱无序，一大半企业没有合法证照，没有经过职业卫生审核，职业危害监管措施不落实。由于生产工艺落后、设备陈旧老化，职业病防护措施严重缺失，水富县农民工主要从事石英石粉碎作业，其主要成分为二氧化硅，具有强烈的致肺纤维化作用。作业场所粉尘漫天飞扬，长时间吸入高浓度石英粉尘，极易患上尘肺病。

课题组走访的一户农民工王某因家中房屋垮塌重建而不得不举借高额利息的民间借贷，整个家庭此后长期处于沉重的高利贷阴影下。王某在两年左右的时间里曾经给家里带来三四万元的收入，而一旦查出患有尘肺病后，打工所挣的钱根本无法满足治疗需要，短短一年不到的时间，家中积蓄荡然无存。而他本人被这种消耗性疾病完全拖垮，过去70多公斤的壮劳力体重锐减到三十多公斤，虚弱的身体甚至在家人的搀扶下都难以走出家门。曾经是家中的顶梁柱骤然倒塌，这其中隐含着多少怨愤与无奈？如果说这些农民工在走出大山时怀揣着"以命换钱"的美好梦想，但一旦患上职业病，却不得不面对"钱难换命"的残酷现实。在水富县向家坝永安村，类似因病致贫、因病返贫的现象并不鲜见。

职业健康权之二：农民工因工作环境中有害因素致病后有及时得到医疗和救治？

农民工职业健康维护制度的缺失：在现代社会中，公民是平等的权利主体，国家理应将赋予每一个公民权利的平等落到实处。具体而言，即政府和社会应保障个人和家庭在遭受工伤、职业病、失业、疾病和老年时期维持一定的固定收入并获得其他各种补助。但是由于农民工多为非正规就业，这"仅仅是一种临时工性质的就业，仅仅是从劳动力的市场交换中获得劳动收益，基本上享受不到实质性的福利保障待遇"①。由于保障制度设计层面存在缺漏，致使农民工并没有切实受到社会保险制度尤其是工伤保险制度的保障，而"《劳动合同法》规定的劳动合同制度在一定程度上无法结合农民工的特点顾及农民工的利益"②。

恩格斯在《反杜林论》中指出，现代平等就是要求"从人的这种共同特性中，从人就他们是人而言的这种平等中引申出这样的要求：一切人，或至少是一个国家的一切公民，或一个社会的一切成员，都应当有平等的政治地位和社会地位"③。尊重、保障和实现农民的健康权，

---

① 李强.农民工与中国社会分层[M].北京：社会科学文献出版社，2004：211.
② 龙兴，任家桔.农民工职业病维权情况调查分析[J].中国职工教育，2012，206(12)：20.
③ 马克思，恩格斯.马克思恩格斯选集（第3卷）[M].北京：人民出版社，1995：444.

是促进社会公平和正义的必然选择，也是构建社会主义和谐社会坚守社会公正的价值取向的重要体现。

政府监管部门在职业健康维护职责方面的缺位：与工伤、矿难事故比较而言，职业病具有隐蔽性特点，往往难以引起社会媒体和政府的重视。一些具有严重职业病危害的小作坊式企业长期连续生产，暴露了当地政府部门监管职责的缺失。水富县农民工患职业病事件经云南媒体曝光后，有关部门"第一时间在网上看到了报道，并于当天下午上报到县委和县政府，同时将情况反馈到凤阳所属的滁州市"。试想如果相关职能部门能认真及时履行其职责，能经常深入到各类型石英砂厂进行有效监管，对作业现场的职业危害进行评估，并督促采取相应防护措施及时整改，这也许是一起可以避免的悲剧。

用工企业对农民工职业健康维护的漠视：当前国内普遍存在职业危害作业从城市和工业区向农村转移，从经济发达地区向欠发达地区转移，从大中型企业向中小型企业转移的趋向。中小企业在我国各类型企业中占90%以上，吸纳了大量农村劳动力。而这些中小型企业由于规模小、隐蔽性强，往往成为监管盲区。当前职业病危害突出地反映在一些中小企业，尤其是个体私营企业的管理者由于逐利的私欲膨胀，一味追求资本利润的最大化，不惜牺牲劳动者职业健康权益为代价，以维持企业的低成本运营。一些企业领导片面强调经济利益，对职业卫生法律法规了解甚少；有的担心因检查出职业病人企业要承担诊断治疗和疗养的费用，势必影响企业的经济效益和社会形象。法律意识的淡薄、经济效益至上等诸种因素最终导致对农民工生命健康权益的严重漠视。

农民工个体职业健康维权能力的局限：由于自身知识、技能的局限，很多农民工无从了解职业病防治的相关制度，对我国在职业病防治法中明确规定的劳动者有关职业健康权益一无所知。我们不必过多苛责农民工法律意识的淡薄，因为这本身就与职业教育培训缺失、用人单位不履行法定职责维护从业者职业健康权、相关政府职能部门监管不到位等多重因素直接相关。课题组在走访过程中发现，很多农民工在患有职业病后较少主动寻求社会救济渠道，要么怨天尤人、自认倒霉，要么自己四处求医甚至寻求民间"偏方"救治等手段。有的农民工由于不重视用工期间相关证据资料、手续的保存，难以提供有关职业危害接触史、健康监护资料的有效证据。水富县赴皖农民工在付出生命健康的高昂代价后，引发媒体关注、政府部门进一步介入后才促使事件出现转机。

三、影响农民工维护职业健康权益的主要因素

职业病病因复杂，属于典型的"人为疾病"，职业病的有效防治必须强调以预防为主，国内外职业病防治实践表明，职业病前期预防成本远远低于后期治疗投入，"一盎司的预防胜过一磅的治疗"。如尘肺病被称为"不流血的癌症"，其特点是可防不可治，目前医疗界对尘肺病无特殊治疗办法，治疗重点放在合并症的治疗上。就企业而言，加大职业病防控力度，更新工艺、技术和设备，改善作业环境，不仅有利于彰显人性化管理的特点，而且与职业病诊疗、康复费用相比较，加强职业病前期防控投入的经济成效也是非常突出的。

职业病病种复杂，往往表现为聚发性、群发性特点。课题组走访向家坝镇永安、大池、楼坝3个村子，先后有400多人在安徽打过工后发现罹患"怪病"，后经体检排查发现，其中30多名确诊为尘肺。

职业病病程具有隐匿性、迟发性特点，其危害往往被忽视。慢性职业病特别是尘肺病的潜伏期较长，一旦发病往往难以治疗，死亡率高。水富县3个村委会两年内12名壮劳力相继死亡，且死者都有在安徽省凤阳县官沟乡石英砂厂打工的经历。

职业病卫生服务体系不健全，具有职业病诊断资质的机构数量少，布局不尽合理，"在农村地区、县及县以下地区，职业卫生机构及监管机构严重缺乏"[①]，从事职业病诊断的人员在资质、技能、水平等方面也存在缺乏制约、监管的问题。

农民工职业健康权益受损的危害后果严重。从患病个体来说，意味着不得不承受身体内部组织和器官的生理机能遭到破坏，导致劳动能力减弱或完全丧失，个人身体机能渐进式损耗的巨大痛苦；就整个家庭来说，高额的治疗、康复费用意味着整个家庭生活水准迅速下滑，不少农民工家庭因病致贫、因病返贫问题非常突出。从社会发展角度来看，农民工作为一个社会弱势群体，其职业健康权得不到有效保障，不仅影响农民工劳动积极性和创造性的充分发挥，致使企业和城市缺乏可持续发展的活力和后劲；而如果长期游离于城市保障体制之外，在特殊情境下选择自发维权、私力维权可能性增大，势必带来加快社会结构分化、激化社会矛盾的风险，危及社会稳定的大局。

四、加强农民工职业健康维权的制度构建

维护农民工合法权益，给农民工平等的国民待遇，是贯彻落实科学

---

① 张兵. 农民工职业病危害的影响因素及其防治对策 [J]. 中国农村卫生事业管理, 2011, 31 (8): 839.

发展观，全面建成小康社会的必然要求，也是构建社会主义和谐社会和推进社会主义新农村建设的需要。基于农民工职业健康权的保障和维护困境，促使我们对现行的制度构架进行反思和考量。

对发展中国家来说，从政治和战略高度解决公民的平等权问题是保障社会得以良性运转、长治久安的关键所在。罗尔斯在其所著《正义论》一书开篇就明确指出："正义是社会制度的第一美德，正像真理是思想体系中的第一美德一样。一种理论，无论多么精致和简明扼要，只要它是不真实的，就必须加以拒绝或修正；同样，某些法律和制度，不管它们多么有效率，多么有条不紊，只要它们是不正义的，就必须加以改造和废除。"① 罗尔斯认为正义的社会制度应包括三个方面的内容：一是基于自由权利人人平等共享，二是机会均等，三是允许差别（不平等）存在时，必须优先考虑最弱势群体的利益。应当指出，追求社会公正平等历来是马克思主义理论的核心内容，社会平等是政治平等的必然体现。马克思曾经指出："无产阶级从政治平等中引申出社会平等的结论。"② 赋予农民工这一特殊群体平等的国民待遇，还权于民，落实公平的平等权，必须尽快加速把农民工纳入覆盖城乡居民的社会保障体系的建设进程。

健全社会保障机制。农民工作为我国社会一个目前受职业病危害最严重的群体，理应成为我国职业病防治保护的重点群体，在立法层面扩大职业病防控覆盖人群将有利于实现农民工职业健康维权。由于政治经济条件制约，我国长期以来实行城乡分割的二元社会保障制度，涵盖社

---

① ［美］罗尔斯. 正义论［M］. 何怀宏等译. 北京：中国社会科学出版社，1988：1.
② 马克思，恩格斯. 马克思恩格斯全集（第20卷）［M］. 北京：人民出版社，1972：6.

会救济救助、养老保险、合作医疗三个方面的农村社会保障始终处于国家社会保障的边缘①。无论是张海超不得不用开胸验肺的方式以证明自己是尘肺病的案例，还是水富县农民工在媒体、政府权力介入后，变农民工维权为政府维权、变个体维权为组织维权的方式，都警示我们加快把农民工纳入我国职业安全防护网，完善保障农民工权益的政策法规势在必行。

完善职业健康维权监管制度。"保护农民工的职业健康重在预防，相关政府部门要通过加强对劳动安全的管理和监督，预防和减少职业病的发生。"② 从企业内部管理制度来说，一方面应避免企业采取短期用工等手段牺牲劳动者健康牟利，把职业危害后果转嫁给劳动者和社会；另一方面，要切实履行法定的建设项目评价制度、职业病危害项目申报制度、劳动者健康监护制度和作业场所危害控制等相关管理制度等。2011 年、2016、2017 年，先后经过三次修订的《职业病防治法》均明确了用人单位的责任，如"应当如实提供职业病诊断、鉴定所需的劳动者职业史和职业病危害接触史、工作场所职业病危害因素检测结果等资料。职业病诊断、鉴定机构需要了解工作场所职业病危害因素情况时，可以对工作场所进行现场调查，也可以向安全生产监督管理部门提出，安全生产监督管理部门应当在十日内组织现场调查。用人单位不得拒绝、阻挠"。对用人单位出现"隐瞒、伪造、篡改、毁损职业健康监护档案、工作场所职业病危害因素检测评价结果等相关资料，或者拒不

---

① 刘伯龙，竺乾威，程惕洁. 当代中国农村公共政策研究 [M]. 上海：复旦大学出版社，2005：229.
② 赵卫华. 农民工职业病的现状、困境和对策 [J]. 国家行政学院学报，2012，(6)：93.

提供职业病诊断、鉴定所需资料的；未按照规定承担职业病诊断、鉴定费用和职业病病人的医疗、生活保障费用的"的行为做出相应罚则的规定，通过加大违法企业惩罚力度，使违法成本进一步加大，以实现对农民工职业健康权益的保护。

职业健康维权程序运作常态化。由于缺乏明确的利益代言人，在关乎自身权益的问题上，农民工是一个没有话语权的弱势群体。由于水富县农民工在安徽打工并非有组织行为，一些家庭小作坊企业没有用工合同、工作记录，没有入职体检、职业危害告知，更没有采取必要的职业病防护措施，导致维权取证工作非常艰难。水富县政府特别组织维权组前往凤阳县进行现场取证，凤阳县委和县劳动监察部门成立了调查组，双方积极接洽、对接，极大地减少了个人维权的阻力和困难，有力地化解了农民工单打独斗的困境。无论是媒体关注或政府介入，都不应作为农民工常态化维权手段，政府相关职能部门必须进行及时、有效的全方位监管，做到监管重心前期化、规范化，避免出现事前监管缺位与事后弥补的明显反差。2018年，我国对《职业病防治法》进行了第四次修订，使职业安全健康监管职责重新回到卫生行政部门，并进一步明确了卫生行政部门对职业病防治过程中的事中和事后的监管责任："卫生行政部门应当监督检查和督促用人单位提供上述资料；劳动者和有关机构也应当提供与职业病诊断、鉴定有关的资料。职业病诊断、鉴定机构需要了解工作场所职业病危害因素情况时，可以对工作场所进行现场调查，也可以向卫生行政部门提出，卫生行政部门应当在十日内组织现场调查。用人单位不得拒绝、阻挠。"要切实改变农民工面对企业的维权弱势地位，使患职业病的农民工不再是"一个人的战斗"，必须加快农民工维权组织建设,加快构建雇主和农民工有效沟通和谈判的制度平台,使工会成为维护农民工合法权益的重要组织,实现农民工与企业之间博弈格局的实质性改变。

人文篇

生命教育：医科大学生职业精神教育的核心内容[①]

首先明确医科大学生职业精神教育应以生命教育为核心内容，继而指出在生命认知、死亡教育的基础上，强化生命责任教育，生命价值教育应突出医学的职业特征，以培养医科学生对医学职业精神的理性认识，最后阐述医科大学生职业精神教育应遵循教育内容与医学教育实践结合，与诊疗工作相结合的基本原则。

尽管生命教育作为现代教育理念的提出为时不长，但对于人类生命价值的追问和探索始终贯穿人类发展的历史，对生命意义的追求是人类存在的一种基本需要，也是人类本质体现的重要内容之一。对医科大学生进行生命教育，不仅是落实以人为本的科学发展观和构建社会主义和谐社会的必然要求，也是医科大学生职业精神培养的客观要求，它不仅

[①] 本文发表在《医学与哲学》（全国中文核心期刊）2012 年 1 月第 33 卷第 1A 期。作者为刘小勤、罗萍。

包括关注生命、尊重生命意识的培养，也包括对患者实施医疗救助和人文关怀技能的教育，最终医科大学生生命教育要落实到医学生职业道德的养成与职业生活实践中。

一、医科大学生职业精神教育的重要意义

1. 开展生命教育是我国医学高等教育与国际接轨，培养高素质医学专门人才的客观趋势。医学教育就其本质而言是医务人员角色的社会化过程，是按照社会预期培养和造就符合社会主义建设所需要的具有良好职业素质的高级医学专门人才，这既包括具有医学专业临床诊疗技能与知识的培养，也包括具备关注人类价值与精神的能力、为患者提供人性化医疗服务的职业精神教育。2001年11月，国际医学教育专门委员会在《全球医学教育最基本要求》中正式提出"敬业精神和伦理行为"同"医学知识"、"临床技能"是医学专业学生具有基本要求所明确规定的核心能力和基本素质的内容。医学专业的特殊性决定了其职业素质的重要性，加强以生命教育为核心内容的职业精神教育尤为重要。

2. 开展生命教育是改变当前医疗实践中医务人员职业精神缺失、医患矛盾突出现状的迫切需要。毋庸讳言，当前医疗环境并不理想，医学发展自身的局限性与患者就医心理的高期盼值域之间存在明显的反差，患者维权意识明显增强，致使医患矛盾突出、医患纠纷频发。客观地说，当前医患关系紧张固然与体制因素直接相关，但医务人员自身的职业道德也是一个不容忽视的重要方面。医学以拯救生命为天职，医务人员的职业道德水准是社会道德体系的重要基石。加强医务工作者的职业道德教育，不仅有助于体现从业者应有的职业操守和人格力量，也能从社会层面稳固其职业尊严的根基。

3. 开展生命教育是改进医学生存在的职业定位模糊、职业精神欠缺的必然要求。目前在校医科大学生的专业选择动因模糊，或由家长代劳或个人一时兴起，一些学生择业多与社会地位、经济收入等物质诱因相关。这种择业动因并非源自对医学的真诚理解和热爱，缺乏对医学专业救死扶伤社会价值的深刻认同与接受，在职业规划上往往表现为功利色彩较浓、名利思想较重而奉献意识的相对欠缺，在面临医患关系恶化、医患纠纷日渐增多的现状时又容易表现出专业思想的动摇。加强医科大学生职业精神教育，强化生命教育，深化职业道德意识，对于端正医学生专业认知，稳定专业学习思想，强化医学生全心全意为人民服务的职业道德意识已成为一项非常急迫的任务。

二、医科大学生生命教育的内容解析

医科大学生生命教育内容不能仅停留在生物学、生理学等生命知识教育层面，而应该注意发掘中西方医学的发展历程中所积淀的以人为本、重视生命的价值取向和深刻底蕴，促使学生立足于现代生命科学技术的发展，对传统的生命意义、生命价值理念提出了全新挑战和冲击，以审慎、严谨的态度进行思考和探索。

1. 生命认知教育。医学发展的历史是一部人类相互关爱、相互救助，充满了人性温暖的历史，对生命的关注、尊重与完善则是医学的天然使命。医科大学生的生命教育应在生命认知教育的基础上注重强调敬畏生命、尊重生命、呵护生命的教育。首先，敬畏生命、尊重生命的教育。生命教育的最高境界就是对生命的敬畏。法国思想家阿尔贝特·史怀泽最先提出敬畏生命的理论，他指出："善是保持生命，促进生命，使可发展的生命实现其最高价值；恶是毁坏生命，伤害生命，压抑生命的发展"①。"只有当人认为所有生命，包括人的生命和一切生物的生命都是神圣的时候，他才是伦理的"②。其次，重视生命价值和与生命质量辩证统一的原则。尊重生命，维护人类生命的神圣和尊严，应在保证生命价值和质量的前提下，促进人类生存质量的提升，彰显人类生命的价值。第三，生命质量标准与生命代价标准统一的原则。生命的神圣性构成了人类续存的根本，但是并不意味着每一个个体生命都通过无条件的存在来体现，如面临无法救治的重症患者、有严重缺陷新生儿往往需要根据患者病情和患者及家属的文化水平、心理接受程度的具体情况而相应采取积极治疗、维持治疗甚至放弃救治的方式。应该明确，不管采取何种诊疗方式都始终坚持以尊重生命、保障个体生命质量和价值为前提，使患者及患者家属的意愿得以充分了解和尊重。

2. 死亡教育。死亡教育是生命教育不可或缺的重要内容，开展生命教育意味着首先应了解死亡对于生命的意义。从自然意义上说，人是一种有限的存在，死亡引起我们无法表达的敬畏，这不但因为它是恶，而且还因为在死亡里有深刻性和伟大之处，它们震撼着我们的日常世界，……死亡展现生命的深度，显现终点，只有终点才能赋予生命以意义。"③ 进行死亡教育要使医学生树立维护生命尊严的意识，不仅体现在对生命的救助，也体现在对死亡的尊重意识。医生的天然职责是挽救生命，而"当死亡降临时，我们应该勇敢地承认和面对，这是对死亡的尊重，也是对生命本身的敬畏"④。其次，死亡标准教育。医科大学生不仅应该了解和把握国际医学界对脑死亡的定义、确定脑死亡标准的

---

① 史怀泽. 敬畏生命 [M]. 上海：上海社会科学出版社，2003：17-18.
② 史怀泽. 敬畏生命 [M]. 上海：上海社会科学出版社，2003：9.
③ 别尔嘉耶夫. 论人的使命 [M]. 张百春，译. 上海学林出版社，2000：330.
④ 王文科. 走进生命伦理 [M]. 北京：人民出版社，2008：259.

主要依据，还应该认识脑死亡标准实施的伦理价值和社会意义。第三，死亡权利教育。个人的生命权利既包含对个体生命健康负责的权利，也包含对死亡掌握的主动权。医学技术不仅要维护生命健康的权利，同时也应维护死亡的尊严的权利。在我国脑死亡标准的界定、安乐死的实施由于与传统生命认知观、道德观相悖而引发争议，在临床实践中对医学诊断水平、医生职业道德提出了全新的挑战，这对医科大学生来说则是一个对生命价值进行反思的重要课题。

3. 生命责任教育。对医科大学生而言，开展生命教育不仅需要选择文化的视角、用哲学的批判眼光来反思现代医学，激发学生对社会进行深入探究和批判性思考，启迪学生对生命关怀的感悟①，更应从医疗职业特点出发以及医疗卫生事业发展的未来体现对生命尊重与关怀。首先，突出职业特征决定的生命责任教育。尊重生命，不是对抽象意义上的生命存在的关注，而是对现实的、具体的个体生命的尊重与关注。在诊疗实践中就是表现出对患者个体生命生存状态、生命质量的高度关切，基于对患者病痛的深刻同情，急切探索解除其病痛的具有专业特征的"治愈"手段之外，还应体现出对患者进行"帮助"与"抚慰"的人性关爱意识。其次，重视对患者个体生命责任与患者家庭责任、社会责任的教育。由于医护人员的诊疗行为直接影响他人的生存质量和健康状态，不仅关乎患者个人的身心健康及其家庭的经济、精神负担，也涉及社会医疗资源分配公正性的问题，而一些生命科学新技术如器官移植、胚胎干细胞研究的运用也带来了伦理道德方面的挑战，就要求引导学生在尊重患者及家属意愿的基础上，适时给予指导性或参考性建议。

---

① 汪青，鲁映青. 医学人文教育在医学专业教育中的多元渗透 [J]. 中国高等医学教育，2009（11）：1.

第三，重视作为社会公民的生命责任教育，不仅强调对个体生命的责任意识，更应有对社会、对人类的群体生命的负责意识。在当前国际化的浪潮中，传染病疫情的传播不再是历时长久的"骑着骆驼的旅行"，一个集装箱，一个跨洋飞行的游客，一次看似轻松惬意的跨国出游，都可能引发疫情的扩散和蔓延。2009年出现的"吕传传事件""何逛逛事件"都警示我们，从生活细节入手，按照公共卫生领域疫情防控的要求规范、检束自己的行为，是一个合格公民具有生命责任、社会担当意识的必然要求。

4. 生命价值教育。生命教育的最高层次就是生命的升华教育。人的生命不仅是一种自然存在，更应是一种社会存在，自然存在的实现是基本生存需要的满足，而社会存在的体现则以在社会合作与社会性的劳动中通过自身的生命价值来体现。在医学院校，教学解剖用的遗体多源于自愿捐献者，这本身就是生命教育的生动素材。人作为一种特殊的生命存在，不断在追求着自身生命价值的升华。虽然作为个体的自然生命已经结束，但他们用自己的躯体为医学生铺就成长的阶梯，为医学事业的发展做出贡献，则体现出更广阔、更厚重的社会意义。医学院校应充分挖掘开展生命教育的资源优势，有意识地收集自愿捐赠遗体者遗嘱，进行公开陈列、展示，邀请遗体捐赠者进行专题报告或视频录像，这不仅有利于深化学生对医学职业特性的认识和理解，更能激发医学生潜心钻研、勇攀医学高峰的动力。

生命教育要突出体现医学的神圣性和重要性，培养医科学生对医学职业精神的理性认识。医科学生的生命教育一方面通过必要的理论宣讲，使其具有坚实的思想理论支撑而不流于表浅，可以组织一些凸显职业特点的、如宣誓等仪式化活动，一个精心组织、独具创意的宣誓活动对学生而言足以影响其一生；另一方面，及时把社会现实生活中的鲜活事例引入到生命教育的内容中来，使其具备现实的感染力而不失于空泛。生命教育的内容要能够强烈震撼学生心灵，促使学生进行心灵的反思，涤荡功利性、物欲化的认知误区，进一步提升对生命的尊重与敬畏感、职业责任感与职业自豪感。

三、加强医科大学生生命教育应遵循的基本原则

开展医科大学生生命教育，必须注重教育内容与医学教育实践结合，与医学诊疗工作相结合，因而具有鲜明的职业特征：即尊重患者、注重维护其权益的人本性原则，强调受教育者情感参与、融入的体验性原则，培养敬业、乐业、精业的职业性原则以及职业精神养成的终身性原则。

1. 人本性原则。目前医学实践中普遍存在"见病不见人"的现象，忽视患者疾病的生理、心理体验感受，忽视患者及患者家属权益，仅仅把患者视作疾病载体和诊疗技术的实施对象，势必导致诊疗活动中医患关系物化、非人格化等倾向。随着社会对生命价值观念的尊重以及医疗科技的突飞猛进，医学与人的生存和发展关系愈来愈密切，医学范畴也由过去的"以疾病为中心"的单纯治疗，转向以"人"为中心的治疗，即更加注重疾病的"人性"。美国医学社会学家恩格尔·哈特早在1982年提出：理解疾病状态的方式对于病人怎样被治疗和怎样被考虑有着重要意义，他认为医生关注的焦点应该集中到患者的体验而不仅仅是疾病过程的本身。这实际上就是倡导与病人感同身受、体恤患者疾苦的人文意识。

2. 体验性原则。生命教育是生命认知、生命情感、生命意志的统

一。生命情感是生命认知转化为生命意志的中间环节，生命教育必须借助情感才能转化为受教育者内在的行为动机①。生命教育是征服和感染人心的教育过程，医科大学生的生命教育尤其强调生命的情感与体验，生命教育关注的核心内容是生命和人性的教育，决定了生命教育中必不可少的情感的渗透、体验及交流。对医科大学生而言，对生命的直接体验可能多来自实验动物。必须教育学生，解剖动物、利用动物进行相关病理、药理实验，其目的是为了医学、药学事业的发展，最终目的是为促进人类健康服务，"一个为了保护另一个生命而伤害和牺牲一个生命的人，并不是不敬畏生命，只要他在这样做时心存对生命的敬畏，且意识到了自己因此而应承担的责任"②。因此要求学生无论在实验设计、实验过程中和实验结束后都应始终贯穿对实验动物生命的尊重意识，决不能容忍任何轻慢、草率、粗暴甚至残忍的实验心态和方式。

3. 职业性原则。医科大学生生命教育最终融入职业教育活动中，我国历代医家一向都把谦虚严谨的治学态度和精益求精的敬业精神视作是"仁爱救人"的基本条件，把努力提高医疗技能看作是医德的一个重要方面。在现代社会生活中，职业不仅是个人谋生的手段，也是从业者完成社会化的重要条件。对于医科大学生职业精神的教育来说，应当树立乐业敬业的职业意识，深化精勤不倦的职业信念，把干一行爱一行，爱一行钻一行，钻一行精一行的信念贯彻到职业活动中。

4. 终身性原则。随着知识经济时代的到来，医学科学技术知识发展迅速、更新频率加快、转化周期缩短，新兴学科、边缘学科、交叉学

---

① 柳礼泉，张红明.生命伦理视阈中的思想政治教育探析［J］.求实，2009（6）：85.
② 何怀宏.生态伦理——精神资源与哲学基础［M］.保定：河北大学出版社，2002：144.

科不断涌现,教育的终身化趋向势不可挡,高等教育的职能必然由培养高级医学人才的"摇篮"延伸到社会领域、医学实践、医学科研领域。生命教育是高等医学院校职业精神教育的核心内容,它不仅仅是一种课程体系,更应该是一种教育理念,一种学习方式,一种终身的职业追求。医学职业精神的形成不是与生俱来,职业素养的提高不可能一蹴而就,需要主体在医学实践活动中持之以恒地不断学习、感悟和屡践,这是一个渐进的、长期的过程。

从唯科学主义到科学教育与人文教育的整合

在近现代高等教育的实践中，长期存在着唯科学主义的倾向，其显著特征是把科学教育的培养目标转化为单纯培养学科领域和技术领域的专家，这种短视而急功近利的教育理念不仅预示着是一种深刻的教育危机，而且也是一种真正意义上的文化危机和社会危机。高等医学院校是培养未来医务人员的摇篮，在医学高等教育实践过程中加强医学人文素质教育，实现科学教育与人文教育的整合势在必行，不仅对于培养全面发展的受教育者，而且对于医学高新技术的发展所提出的新课题进行矫正、弥补以及构建和谐的医患关系，都具有重要意义。

高等院校作为培养未来的社会主义建设者的重要基地，如何转变教育观念，加强人文素质教育，推进教学内容和课程体系的改革，已经成为高等院校教育改革的一个重要趋势。中共中央国务院《关于深化教育改革全面推进素质教育的决定》中明确指出：高等教育要"普遍提高大学生的人文素质和科学素质"。加强人文素质教育既是我国大学素质教育的首要任务，也将成为我国大学素质教育的突出特点。

一、高等教育中唯科学主义的价值取向及其局限性

长期以来,在科学教育的实践中,存在着一种唯科学主义的倾向,即把对自然图景的看法、信念上升到本体的高度。19世纪工业革命对世界历史产生了深刻影响,继之而起的一系列重大科学发现则更进一步深刻地改变了世界的面貌。可以说,人类社会进步信念的确立从根本上说就是来自自然科学的进步。也正是在这一时期,人文主义教育思潮开始受到科学主义教育思想的挑战,对科学的推崇逐渐演变为唯科学主义、科学至上主义,科学主义与人文主义的对立倾向逐渐明显。

19世纪中叶,以孔德为代表的实证主义思潮,将实证方法原则作为一切自然科学研究必须遵循的方法,在此基础上逐渐产生了唯科学主义。其主要理念是把现代自然科学的原则及其方法视作是认识世界的唯一正确而有效的方法,该方法的有效研究范围涵盖自然界、人类社会乃至意志和人生。自然科学成为衡量、仲裁一切知识的准绳,非自然科学的和其他价值、文化形态的正确判断标准,也是基于自然科学的理论和方法。唯科学主义把科学视作是探求真理的唯一模式和途径,是一切知识的楷模和范式,同时科学又是推动社会发展的唯一力量,是社会进步的重要标志。唯科学主义还认为,人文科学和社会科学不必有、也不可能有自己的方法,而应参照自然科学方法。唯科学主义思想原则片面夸大了人类理性的作用限度,抹煞了科学本身所蕴含的人文内涵、社会功能、精神价值。

唯科学主义的价值趋向在对待教育知识的问题上,主要有以下表现:偏重科学技术知识和数学知识,轻视人文知识。唯科学主义认为,科学知识是通过实验、观察和一些量化的测量手段而得到,对有关事物

的真假判断既可以通过经验观察而得到，也可以通过数据的分析和证明来得到。这样的知识是可以证实的，因而是可信的，其价值具有永恒性。而哲学、宗教等一些人文科学领域的知识，往往是通过纯粹的思辨、主观推理而得到，在唯科学主义者看来，这些知识难以经过实证的途径加以考察、验证，既不能判断是真的，也无法判定是假的，因而是没有意义的，难以登上科学的殿堂。随着科技的发展和社会经济的变化，这一挑战变得越来越尖锐，盛行了数千年的人文主义教育开始走向衰落。

科学教育取代人文教育，逐步占据了主导地位。伴随着科学教育在欧洲各国全面的兴起，科学主义教育成为影响各国大学教育改革的主导思想。古典人文教育被学校的职业教育所取代，在大工业社会生产和科学技术的冲击下，学校教育开始走向工业化和模式化，学校把教育组织当成一种类似工业生产的流程，用统一的课程体系、统一的教育工艺流程，把受教育者"制造"成"标准件"——"标准"的"教育商品"。科学主义的教育观在教学实践的课程设置中，往往采用科学主义的还原论主张，其方法是把人类知识体系人为分割成各个组成部分、学科等，把它们割裂甚至对立起来。科学主义教育观所倡导的就在于传授各个组成部分的专门知识，科学知识的分化、细化倾向越来越明显，以至于在科学知识体系中由于人为原因出现了互相隔离、对立的情况。必须看到，这种人为割裂知识体系的教育理念的危害是严重的，唯科学主义倾向是"只见树木，不见森林"，是一种狭隘的教育观念，势必妨碍人类知识的整体性。这不仅导致科学体系的整体性被破坏，而且使按此教育模式培养出来的人才也因为人文教育的缺失，而成为所谓少了"另一半"的人。科学巨匠爱因斯坦曾经尖锐地指出："科学不仅仅是一种方法，科学'方法'的背后如果没有一种生气勃勃的精神，到头来不过是笨拙的工具。""只有专业知识教育人是不够的"，"他必须获得对美和道德上的'善'的鲜明的辨别力，否则，他，——就会很像一条受过良好训练的狗，却不像一个和谐的人。"①

二、人文教育和科学教育的整合业已成为世界各国、各地区高等教育发展的共识

人文教育的衰退是现代高等教育危机的突出表现。随着现代科学技术迅猛发展带来的科学自身强大功能的显现，人类物质消费需要的恶性膨胀，客观上都刺激了科学教育的发展，当人类对科学技术的两重性有了进一步认识，唯科学主义指导下的科学教育的弊端也进一步暴露时，人文教育与科学教育的严重失衡引起人们的深刻反思，唯科学主义教育开始受到诘难：单纯以围绕如何迅捷地掌握不断膨胀的科学知识技能为中心，忽视其个人人文精神素养培育的唯科学教育究竟会把人类引向何方？人文教育与科学教育融合的呼声变得逐渐强烈起来。

1959年，英国科学家斯诺（C. P. Snow）在剑桥大学里德学院发表《两种文化》的演讲，他认为由于学校在科学教育中过分专业化，导致人文知识分子与科学知识分子之间存在一条难以理解、沟通的鸿沟。其实，不仅人文知识分子和科学知识分子之间存在着鸿沟，科学知识体系内部也存在着人为因素造成的理解和沟通困难的现象。斯诺的演讲由此揭开了20世纪科学主义与人文主义融合的序幕。

人文素质教育问题逐渐引起全球范围的重视，不仅成为有关专家学

---

① [美] 爱因斯坦. 爱因斯坦文集 [M]. 许良英，赵中立，张宣三，译. 北京：商务印书馆，1979.

者关注、研究的课题，而且也逐渐在教学实践中体现出来。不少有识之士强烈呼吁：应加强对全社会的人文素质教育，以消除世界范围内的人文精神危机。教育从根本上说是一个人文过程，是有关价值的事情，而不仅仅是信息或知识。美国教育界逐渐把复兴人文教育，推进人文教育与科学教育的融合作为教育改革的目标。哈佛大学极力推行文理融合的教育，要求学生直到完成四年的人文和自然科学教育后，才能真正进入专业训练。校长尼尔·陆登庭提出："大学要提供金钱无法衡量的最佳的教育。这种教育是通过不同学科领域知识的渗透，使从事科学研究的人开始懂得欣赏艺术，从事艺术创造的人逐渐了解科学，使我们每个人的生活更加丰富多彩。正是这样，尽管在复杂的条件下，无论是哈佛或是美国的其他大学都在竭尽全力为更好地传承文理融合的'通识教育'。"[1] 1982年，美国医学会医学教育委员会在"医学教育未来方向"的报告中，明确提出要加强医学生的人文、社会科学教育。英国在"明天的医生"报告中也提出医学教育和实践中要加入更多的"平衡课程"，以达到医学人文与医学自然科学的相互渗透、相互包容。

可以说，现代科技发展促使科学主义、人文主义教育思想在观念上日益走向融合，使西方国家的教育在注重科学教育的同时也越来越强调人文教育的重要性。人文主义教育作为一种独立的制衡力量，制约着科学至上主义和唯科学主义的发展势头，弥补了唯科学主义教育的不足，避免了这种教育将人和社会的发展引向歧途的可能性，为20、21世纪人类社会的发展做出了重要的贡献。

---

[1] [美]尼尔·陆登庭. 21世纪高等教育面临的挑战[J]. 刘莉莉, 译. 高等教育研究, 1998, (4): 1-3.

三、加强医科大学生人文素质教育不仅契合了当今世界高等教育中科学教育与人文教育相互整合的主流倾向，更体现出我国高等医学教育改革的目标和方向

就教育的本义来说，教育过程中所具有的人文主义情怀、智慧和创新品格来说，教育本身就应当是素质教育，其根本目的就是为了提高人的素质。因此，加强医学院校人文素质教育有深刻的现实意义和理论意义。

医学是一门充满人性的科学，医学也是人文思想最初萌芽的学科领域，但在中国医学史中留传千古的悬壶济世、杏林春暖的佳话早已不复如初。近几年来，医患关系趋于紧张，医患冲突频发，一些"医闹"冲击医院，侮辱、殴打医务人员的恶性事件频频发生，医患关系的恶化已经成为一个不容忽视的社会问题。从表面看是医患双方在诊疗过程中对医疗服务质量存在矛盾、分歧所引发的纠纷，它与患者的知识层次、就医经济承受力、就医期望心理，对医疗风险、医疗意外、医疗效果不确定性的认识、理解等密切相关。从深层次看，与我国医学教育中普遍存在的人文素质教育的欠缺、薄弱有着直接关系。大量调查证实，引发医患纠纷的因素中非技术性因素占据较大比例，医生在行医过程中"见病不见人""治病不治人"的现象非常突出，主要表现为对待患者居高临下、颐指气使，忽视患者基本权益的保护，与患者沟通、交流意识淡薄，服务态度冷漠、生硬，医疗服务质量差，往往成为引发医患纠纷的重要诱因。医患关系的恶化使我们不能不反思医学教育存在着不容忽视的缺陷。

长期以来，由于医学教育观念的滞后，医学教育注重突出以学科为中心的课程体系，过于强调医学专业基础知识、医疗技能的培养而忽视人文素质教育，致使相当一部分医科大学学生在走上医疗工作岗位后，缺乏爱心，欠缺与患者交流、沟通的技巧和意识，甚至利用患者的弱势心理、求助心理为个人谋取不正当利益，大量违背医德医风事件的发生，使得医护群体形象受损，并使整个医疗界的社会信誉度明显降低。而在医学教育中长期存在的人文素质教育薄弱，课程结构单一、课时比例偏少，势必导致医学生人文素质现状不容乐观。缺乏人文精神熏陶的医科大学生走上医疗工作岗位后，难以真正承担起"健康所系，性命相托"的重任。

现代医科大学生人文素质教育一方面是对传统医学人文精神的弘扬，另一方面也是对医学高科技发展条件下如何彰显医学固有的人文精神，复归医学的本来面目的客观要求。现代医学的发展，强化了医生的地位，医学更需要重新确立中西方传统医学中关心人、爱护患者的人文主义思想。人文精神赋予了医学创新所必需的深厚的文化土壤和道德基石，解决医学目的的异化，最根本的是实现人文精神的复归，还医学的本来面目。

医学人文素质教育与其他院校人文素质教育比较，有其共性的一面也有其差异性的一面。它们在人文素质教育方面都强调人文素质在素质结构中的基础性地位，强调科学精神与人文精神的和谐统一以及教育目的的一致性。首先应当明确医学人文素质教育的定位。加强医学人文素质教育必须坚持以马列主义基本理论为指导，培养社会主义所需要的高级新型医学人才；加强医学人文素质教育要正确认识人文素质教育和高校思想政治课教学的关系，二者功能互补，不能相互替代。其次，医学人文素质教育以综合素质教育为基础，注重医学生在思想政治素质、文化素质、身心素质以及专业素质及创新能力的全面培养和发展；医学人文素质教育以医学人文精神的养成为核心内容,医学人文精神是医学人文关怀和科学理性的有机融合,包括广泛的人文关怀和责任心、医学神圣观、医学目的发展观、生命质量和生命尊严相统一的生命观、医患权利义务观等,医学人文精神是人文精神和科学精神的统一,也是医学人文素质教育的核心内容。第三、医学人文素质教育应始终贯穿医学职业道德教育的重要内容。医学人文素质教育与其他院校人文素质教育的特殊性表现在医学人文素质具有鲜明的医学伦理特点,强调最终把人文素质教育落实到医疗实践活动中,体现为全心关爱患者、尊重患者人格、注重维护患者权益、注意加强医患沟通技能的训练和培养等。医学人文素质的教育具有现实性、继承性、时代性、综合性以及终身性的特点。

医学人文素质教育必须最终落实到医学教育实践活动中。高等医学院校应改变陈旧的医学教育观,不断更新医学教育观念,逐步树立医学人文教育观和价值观。在完善医学课程教学体系中,逐步构建医学人文教育课程体系。医学人文课程体系构建应坚持平衡原则、多样化原则、效用原则。在医学教育方法方面大胆突破尝试,积极借鉴西方医学教育界一些有成效的教学方法,如以典型病例为中心、以问题为基础病案的讨论式教学法,切实提高教学效果。加强医学人文素质教育,为人师者理应承担起更多的责任和义务,教师是人文素质培养的第一要素,教师要有高度的敬业精神、奉献精神,善于把专业教育与人文教育结合起来,力求做到将精深的学科造诣、深刻的人文底蕴、高尚的人文精神、高超的教学水平相结合。另外,医学人文素质教育和科学教育的整合应强调教学方式的丰富多彩、精彩独到,既有知识信息含量大的人文素质教育与科学教育整合的课堂教学内容,也要有润物无声的人文素质教育氛围的营造,要充分发挥校园文化在人文素质教育中的独特作用,营建文明健康、积极向上的校园文化,为培养高层次复合型的优秀医学人才服务。

汤姆·雷根动物权利理论的哲学辨析①

动物权利理论形态在20世纪逐步形成，由于其理论囿于学理层面的说服力，在实践层面也引发大量争议，但不容否认，动物权利理论作为一种现实的理论表现形态，强化了人类对自然界、对动物担负的伦理责任和道德关怀意识，不失为人类伦理学发展史上一个具有重要意义的进步。

一、动物权利意识的萌芽和发展

人类动物保护的意识在人类文明的童年时期就已经出现，但在西方中世纪时期宗教的力量异化了人与自然的关系，动物的从属地位被视作天经地义。经院哲学家托马斯·阿奎那就曾明确宣称：不完美者为完美者而存在，本属于万物的秩序……像植物等仅具有生命的事物，均是为着动物而存在，一切动物又是为了人而存在。因此，人可以随意使用动

---

① 本文发表于《南京医科大学学报》社会科学版2012年1月第1期。作者为刘小勤、罗萍、尹记远。

植物。

  一般说来，意识的正常功能包括：感知、认识以及对行动的控制。意识程度较低的物种只拥有感觉功能，但是"这足以指导其行动并满足其生存需要"；而更高级的有机体拥有更为有效的意识形式，那就是感知的功能①。一些哲学家据此提出关爱动物的理念，哲学家边沁提出：如果皮肤的颜色不是一个人遭受暴君任意折磨的理由；那么，"腿的数量、皮肤上的绒毛或脊骨终点的位置也不是使有感觉能力的存在物遭受同样折磨的理由"②。达尔文从生物学家的视角为动物关怀与保护伦理提供了有力的论证，他明确指出，"动物是人类的同胞；所有生命的存在物都有着某种普遍的亲缘或亲情关系"，并进一步大胆而准确地预言："随着道德的进化，所有有感觉的存在物都将被包括进道德共同体中来。"③ 在一些主张关爱动物人士的积极推动和影响下，19世纪英法等西欧国家陆续通过禁止虐待家畜、残害动物的法案，动物保护的理念以立法形式加以确立，并深入到社会生活中，对普通民众的观念、行为产生影响。

二、动物权利论的理论困境

  动物权利运动随着20世纪人类反对种族歧视和争取妇女权益的人权运动而兴起，作为动物权利运动最杰出的代表，美国北卡罗来纳大学哲学教授汤姆·雷根在1983年出版的《为动物权利辩》一书，第一次用大

---

① ［美］兰安德，等. 自私的德性 [M]. 焦晓菊，译. 北京：华夏出版社，2007：8.
② 何怀宏. 生态伦理——精神资源与哲学基础 [M]. 保定：河北大学出版社，2002：375.
③ 何怀宏. 生态伦理——精神资源与哲学基础 [M]. 保定：河北大学出版社，2002：376.

量充满激情的言语为动物的权利进行辩护，引起了人们对动物权利的普遍关注。但是，我们不得不关注到其情感渲染背后难以掩饰的理论困境。

理论困境之一：动物权利的来源

在汤姆·雷根看来，要从根本上杜绝人类对动物的伤害必须以假定动物拥有权利为前提，一旦动物具有道德权利就意味着"拥有了某种保护性的道德屏障"①，权利似乎成为最强硬的道德货币。但是这种由人移植到动物的权利并不能视作自然界或动物的内在权利。

权利是一个历史的范畴，是人类社会发展到一定阶段的产物。从权利的起源和本质上看，权利反映的都是人与人之间的社会利益关系问题，权利是利益与义务的统一。人类善待动物的观念建立在人类行为迁移效应的基础上，其根源出于人类道德自我完善的意识，因为同情正是人类作为理性存在的情感体现；其目的在于使人类获得更大的理性自由和道德行为的选择。人类把道德原则延伸到动物的自觉，但是并不意味着动物成为权利主体。

理论困境之二：动物权利主体的理论基础

汤姆·雷根试图把动物权利的理论归源于人类权利理论，人类权利的获得源于天赋价值，其权利的获得是任何人都拥有的固有价值，无须经过任何个人、组织的授权。于是他创造性地引入到了一个据称能"使人认识到人和其他动物所共享的某些精神能力和某种相同地位的概念"②：生活主体。在他看来，生活主体决定一个人拥有内在价值的基础，"由于所有拥有天赋价值的存在物都拥有获得尊重的平等权利，因

---

① [美] 汤姆·雷根，卡尔·科亨. 动物权利论争 [M]. 杨通进，江娅，译. 北京：中国政法大学出版社，2005：44.
② [美] 汤姆·雷根，卡尔·科亨. 动物权利论争 [M]. 杨通进，江娅，译. 北京：中国政法大学出版社，2005：141.

而,所有拥有天赋价值的人和所有拥有天赋价值的动物都拥有获得尊重对待的平等权利"①。

汤姆·雷根对拥有天赋价值与拥有权利是否存在内在的必然性语焉不详,而且掩盖了内在价值与工具价值的根本差别。在人与自然的生态语境中,价值是客体性质、功能对于主体生存、发展需要的效用关系,是客观与主观认识的统一。价值包含内在价值与外在价值,外在价值是指生命和自然对人的效用性,是由人类赋予的、以人为尺度作为评价生命和自然的价值的标准。内在价值是指以生命和自然自身为尺度评价自身的价值,不是由人类赋予的,是生命和自然本身所固有的价值。对于人类来说,动物的价值是内在价值与外在价值的统一。动物权利论从天而降的生活主体价值论很难与哲学上的价值论联系起来,因而其学理的说服力显得苍白无力。

理论困境之三:动物权利的现实基础

尽管汤姆·雷根意识到由于"动物不仅仅存在于这个世界上,它们也能够意识到这个世界,意识到对它们所发生的事情。因此具有与人类一样的对家庭的认知、态度、情绪和判断能力"②。但是动物自身具备的感知功能并不能成为动物拥有权利的基础。

与人类社会不同,动物具有的需要是生存性的需要,这种需要满足的形式必须顺应自然秩序的要求。动物并不具备道德的自主意识能力,

---

① [美]汤姆·雷根,卡尔·科亨. 动物权利论争[M]. 杨通进,江娅,译. 北京:中国政法大学出版社,2005:145.
② [美]汤姆·雷根,卡尔·科亨. 动物权利论争[M]. 杨通进,江娅,译. 北京:中国政法大学出版社,2005:60.

"动物是人类道德关怀的对象"①，它们在实践层面更无法实现道德行为的选择。动物社会里没有道德诞生的土壤，动物情感的需求只是动物本能活动的反应而已。尽管一些社会化程度较高的动物往往表现出较强的社会依赖性、情感归属需要，但丛林法则依然是维持动物社会的核心法则。

但人类社会完全不同，"由于人的生产性需要造成了人的物质生活本身，正是这种人类的物质生活成为道德诞生的土壤。"② 在人类社会中，只有人类善待动物、关爱动物的积极行动才使得保护动物具有现实的可能性。毕竟动物权利无法在动物之间实现，某一个动物无法以疼痛的感知抑或获得尊重、关爱的权利为由而逃避被另一个更强大的、饥饿的动物捕杀的命运；在人类社会，只有具备充分的动物保护的自觉，才可能有关爱、保护动物的道德行为选择。

理论困境之四：动物权利的范围界定

动物权利理论最初从狭窄的理论视野出发导致其对动物权利的保护是狭隘的、不全面的，汤姆·雷根关注的动物权利是针对具备"主体生活特征"、有疼痛感知功能的动物，按其所说的"至少是哺乳动物和鸟"③，后来他把这一理论逐渐"完善"：把生命主体界定为"一岁以上的哺乳动物"。这种从感知能力甚至从发育阶段出发的动物权利理论无法摆脱只关注动物个体、个别动物种群权利的局限性，显然与现代环境科学和生态科学所强调的生物联合体和生态系统的整体性思维背道而

---

① [美]汤姆·雷根，卡尔·科亨. 动物权利论争[M]. 杨通进，江娅，译. 北京：中国政法大学出版社，2005：225.
② 彭柏林. 道德需要论[M]. 上海：三联书店. 2007：38.
③ [美]汤姆·雷根，卡尔·科亨. 动物权利论争[M]. 杨通进，江娅，译. 北京：中国政法大学出版社，2005：140.

驰。汤姆·雷根无法界定具备生活主体特征的动物，就索性采取一种模糊化、泛化的态度：把它们都当作生活主体来对待，而这种模糊化、泛化的策略恰恰是汤姆·雷根空笼理论的基础。

三、动物权利论的现实困境

在实践层面，汤姆·雷根反对把动物视作人类可以利用的可再生资源，他主张的是激进的、极端的完全废除主义，即所谓"空笼理论"：完全废除对动物的利用，这既包括对食用动物、役用动物、畜养动物，也包括医学实验动物。在他看来，"我们需要的是一个空的笼子，是完全废除。我们能做的最好的行为就是不去应用它们"①。

现实困境之一：完全废除主义不加区别地完全废除人类对动物资源的利用，无视世界各国经济发展状况的巨大悬殊、南北国家贫富差距不断扩大的严峻现实，决定了其主张在现实生活中必然遭遇困境。

在不少发展中国家，在基本生存问题难以得到保障的前提下，奢谈动物权利的保护明显脱离现实。关注动物的权利意识并不意味着拥有给不同国家、不同人们的生活习惯模式盖上道德标签的特权。池田大作在强调"生命的尊严""众生平等"的原则时，仍坚持认为应当把维护和保全人的生命放在最重要的位置，"人为维持自己的生命而宰杀、食用其他生灵，虽因夺走其他生灵的性命而造下罪孽，但维持自己生命的努力却是善，如果能把这样维持下来的生命，用于使其他更多的人获得幸福，则被视为更大的善"②。鉴于现实，必须进行长期的、渐进的宣传

---

① ［美］汤姆·雷根，卡尔·科亨. 动物权利论争［M］. 杨通进，江娅，译. 北京：中国政法大学出版社，2005：147.
② 池田大作，狄尔鲍拉夫. 走向21世纪的人与哲学［M］. 北京：北京大学出版社，1992：84.

教育，促使关爱动物、善待动物、保护动物的理念逐步由个别人士的、组织的研究转变为群体性的认知和行动，逐步实现生活方式、饮食习惯的改变。

现实困境之二：完全废除主义无视实验动物在现代生命科学、医学发展中做出的巨大贡献，放弃现有实验动物的主张，必然在现实社会中遭遇困境。

实验动物是现代医学、生命科学的基础性条件，在必要的动物实验的基础上，进行有关临床治疗、药品疗效、疫苗研制生产等研究，不仅成功挽救了千万人的生命，而且也对动物疫情防控、安全福利做出了贡献。完全废除主义把实验动物的道德权利与人类生命健康权益视作对立性矛盾，正如卡尔·科亨曾经进行尖锐讽刺："任何一只老鼠的道德权利都胜过数百万人生活质量的改善或数百万人的生命的拯救"①。完全废除主义把动物权利置于人类权益之上，不仅是荒谬的、乖戾的，也是不道德的，因为所要求赋予动物的权利违背了最大多数人类的利益。近年来，人们对实验动物伦理规范意识进一步加强，尊重动物的生命和情感，为其实验动物提供必要的生存环境正逐步从理念转化为切实的行动。

现实困境之三：完全废除主义关于役用动物的主张不具备现实的合理性。毕竟，役用动物在人类社会领域中空间明显缩小，而在少数偏远落后地区由于生产资料稀缺、生产效能低下，役用动物成为人类不可缺少的生活之源。

"任何道德原则都要求社会本身尊重个人的自律和自由……道德是

---

① [美]汤姆·雷根,卡尔·科亨.动物权利论争[M].杨通进,江娅,译.北京：中国政法大学出版社,2005：378.

为了人而产生,但不能说人是为了体现道德而生存"①。人类采取关爱动物、善待动物的措施,不仅使动物成为直接的受益者,也促使人类自身的生存和发展的终极目标的实现。

在人类历史的发展进程中,人类良知的增长是人类自身的社会性本能的发掘和同情心的对象不断扩展的过程。动物权利不仅是人怎样对待动物的问题,更涉及人如何对待自然、如何认识和处理人与自然的关系的问题。

尽管动物权利理论试图从权利话语的角度来论述人与动物的伦理关系是"步入了一块充满风险和不确定的理论飞地"②,尽管作为理论形态的动物权利理论远非完整、成熟,但不容否认的是:动物权利论的出现"使我们可以把伦理学、科学和人类利益混在一起而置于我们逻辑的控制之下"③,标志着人类对动物的道德关怀逐渐进入到人类伦理关怀的视野中,这是人类伦理学发展史上一个具有重要意义的空前延伸和扩展。动物权利论作为一种现实的理论表现形态,强化了人类对自然界、对动物担负的伦理责任和道德关怀意识,客观上使长期存在的人与动物的疏离感、隔膜感大大消除,其发展必然进一步促使人们对动物福利的关注,为人类道德的自我完善提供了更值得追求的道德标尺。

---

① [美]威廉·K.弗兰克纳.善的求索[M].黄伟合,等译.沈阳:辽宁人民出版社,1987:247.
② 林红梅.生态伦理学概论[M].北京:中央编译出版社,2008:116.
③ [美]霍尔姆斯·罗尔斯顿.哲学走向荒野[M].刘耳,叶平,译.长春:吉林人民出版社,2000:35.

生命的诘问

——《妞妞:一个父亲的札记》哲学意蕴解读

> 周国平的《妞妞:一个父亲的札记》通过写实性的笔触,描述了妞妞生命悲剧的酝酿源于必然与偶然的集合,继而展示救治过程中人文关怀的种种缺失,借此反思在其短暂的生命中家人所经历的喜悦与悲怆以及面对残缺的生命时的困惑,揭示了人类生命价值厚重的同时又饱含脆弱与悲苦,体现了作者对生命认知的闪光与局限。

《妞妞》一书出版后反响强烈,"被美国医学人文学专家奉为当代中国人文医学的启蒙之作",德克萨斯大学医学院和明尼苏达大学医学院已经把《妞妞》一书作为案例编进讲义,讲义科目为医学伦理学[①]。在当今如此喧闹、浮华的社会氛围中,周国平潜心于"细细感受生命中的轻与重,关注永恒里的生与死,永远以智者的孤独与安静,跋涉于

---

① 周国平. 妞妞:一个父亲的札记 [M]. 武汉:湖北长江出版集团长江文艺出版社, 2008: 355.

思想的坎途上"①。透过妞妞短暂的生命历程的描述，我们能够解读到初为人父的作者对女儿的娇宠、呵护，在临床医学领域中一度表现出医学人文关怀氛围的淡薄，在感悟人类生命意义厚重的同时却饱含无处不在的无奈与悲苦，也能窥见其对生命认知的闪光与局限。这对于我们对生命价值的反思无疑是有所裨益的。

一、悲剧的酝酿：偶然与必然的集合

妞妞，一个充满了北方气息的对女孩的爱称，在周国平笔下，是一个曾经真实的生命存在，她在这个世界上仅仅存在了 562 天。一个聪明、乖巧、稚嫩、惹人怜爱的幼小生命，父母千娇百宠、给予再多的关爱似乎都不为过的幼小生命，一朵尚未绽放的生命之花在病魔的疯狂折磨下悄然萎谢，这是一个何其残酷的事件。面对幼女的夭亡，初为父母者痛彻心骨的悲哀与无助，清晰地折射出个别医务人员习以为常的职业冷漠，对患者及家属人性关怀缺失的种种迹象。

酿就悲剧的因果链条似乎是生命中无数偶然因素的叠加：平日里亲密无间的夫妇之间骤生罅隙，仅仅为了微不足道的小事彼此赌气，突然造访、暂时小住的亲戚得了感冒后迅速传染给妻子，于是患病的妻子因病情严重不得不求助于医院，却遭遇了一位女医生粗暴与傲慢的对待。这一切，似乎是发生在我们身边的熟悉得不能再熟悉的故事。医院，人们往往把它视作神圣的生命救助站，但在作者内心却不得不发出这样的

---

① 司马晓雯，陈丽. 智者灵魂的跋涉：周国平散文的一种解读 [J]. 江南论坛，2006 (6).

感慨:"不要去说中国的医院了吧,它只会使我对人性感到悲观。"① 接诊的女医生无端脱离岗位,对待患者的姿态是居高临下的冷漠,一会儿洋洋自得地断言患者是"喉科病人,不是内科病人,我不管""我没什么可看的!要我看,她就是诊断书上写的咽喉炎",一会又张狂地声称"我今天就是不给你们看!"② 而不得不含屈忍辱面对这一切的,是有孕在身的妻子及作者。

不难想象,求医受挫的夫妇二人在一位远亲、医学博士的热情安排下,住进他所在的医院、所管的病房时,心里怀着怎样的欣喜和感激。但是,就是这位医学博士在给孕妇进行检查时却犯了一个致命的错误,雨儿是一位怀孕五个月的孕妇。由于 X 光辐射可能导致胎儿染色体畸变甚至引发婴儿癌症,不但孕妇在孕期内,而且在怀孕前三个月内,双亲均应避免 X 光照射。视网膜是人体形成、发育最晚的器官,直到出生后两个月才最终完成,所以在不仅是在胚胎期,甚至在婴儿出生两个月内都应避免 X 光照射。这些基础性的医学知识统统被这位医学博士忽略,他在旁边女医生的反复提醒下毫无顾忌地继续操作,就是这样一个看似善意的、认真的操作却酝酿下了对一个无辜生命的犯罪。在排除了遗传性因素后,妞妞早夭的命运就这样残酷地决定了,造成的损害已经无可更改。一连串的偶然因素最终叠加、汇集,决定了妞妞在母腹中就面临无法选择、无从逃避的巨大灾难和痛楚:双眼多发性视网膜细胞瘤。这一切偶然性叠加的灾难性后果的最终承受者是妞妞,一个刚刚诞

---

① 周国平. 妞妞:一个父亲的札记 [M]. 武汉:湖北长江出版集团长江文艺出版社,2008:99.

② 周国平. 妞妞:一个父亲的札记 [M]. 武汉:湖北长江出版集团长江文艺出版社,2008:99.

生到世间却很快被宣判快速离开的小小的生命。作者难以掩饰心中的愤怒："我心里还是恨，怎么能不恨呵，有时候杀人的心都有，杀女医生，杀医学博士，杀自己甚至杀上帝。"① 但妞妞，这个稚嫩、无辜的生命懵然无知地来到这个世界，却注定要承担这一切悲剧性的结果。

有时我们容易对那些因为粗暴、傲慢地对待患者酿成大错的医生进行批评、指责，但是对那些看来充满热情、友善的操作诊疗所触犯的医学禁忌行为又该如何评判？医学是一个不能容忍任何轻慢、懈怠与疏漏，不能容忍任何有心、无意错误的特殊行业，对医生而言，无论酿成错误的主观心态是故意抑或过失，对患者而言，却无法避免要付出难以承受的生命的沉重代价，无从修正、无从更改。"如此说来，妞妞是被一系列的人性的弱点杀死的，她是供在人性祭坛上的一个无辜的牺牲"②。

二、生命的救治：医学人文关怀的缺失与抉择

医学被称为最具有人性温度的科学，但是医学人文关怀的缺失在号称"生命庇护所"的医院管理的诸多细节中悉数暴露。在妻子产后，中年麻醉师命令作者把妻子抱到指定的病床上，尽管此前那张病床可能别的病人睡过好几天，被褥皆未更换，尽管作者抱着妻子"一步步挪向指定的床，随时有坚持不住的危险"，但是"在整个过程中，那个强

---

① 周国平. 妞妞：一个父亲的札记 [M]. 武汉：湖北长江出版集团长江文艺出版社，2008：112.
② 周国平. 妞妞：一个父亲的札记 [M]. 武汉：湖北长江出版集团长江文艺出版社，2008：111.

壮的麻醉师始终冷眼看着"①。医院管理规定刚性十足，在允许哺乳前，即便是母亲也无权看望婴儿。医院的惯例是把新生儿隔离起来，直到分娩第五天允许哺乳后，产后的妻子才得以见到孩子。"若干天内，新生儿成了没爹娘的孩子，被编上号、排成行，像小动物一样接受统一的饲养，不，小动物刚生下来是不会离开母兽的，除非人类加以干预。没有比这种拆散母婴的做法更违背自然之道的了"②。听到育婴室传出的哭声，病房中的母亲们深刻体会了什么是"咫尺天涯"。更为荒唐的是，一旦产妇能够下地走动以后，丈夫又被剥夺了探视的资格，这是医院的又一条戒律。而医院，显然并没有为这些规定留下必要的解释时间和机会；对于患者和患者家属来说，唯一明确的就是无条件地遵守医院制定的一切规章。

在妞妞接受放疗期间，医院类似的规定就更比比皆是。在医院放疗科，为便于医生识别患者放疗的部位，患者的心理感受无暇顾及。那些饱受病痛折磨的病患，无论男女老幼每人身上都带着紫色油墨的印记，那些暴露在头颅、脸上、颈部等部位的标记格外引人注目，"一个穿粉红色长裙的少女，剃了光头，光头上画着一个大大的紫色方框。一个文质彬彬的中年男子，那个紫色的方框画在鼻梁正中，宛如小丑的化妆"③，这些描述实在令人触目惊心。仅仅一岁两个月的妞妞作为年龄最小的就诊者也被迫加入这支死亡之旅，作者最初看到"医生第一次

---

① 周国平. 妞妞：一个父亲的札记 [M]. 武汉：湖北长江出版集团长江文艺出版社，2008：14.
② 周国平. 妞妞：一个父亲的札记 [M]. 武汉：湖北长江出版集团长江文艺出版社，2008：15.
③ 周国平. 妞妞：一个父亲的札记 [M]. 武汉：湖北长江出版集团长江文艺出版社，2008：224.

把这个紫色标记印在她脸上时,感到的是深深的屈辱","这个标记始终鲜明夺目,无情地暴露了一切,如同革出教门一样把妞妞革出健康人的世界,无论我们抱着她走到哪里,人们一眼就能看出她是一个死症患者"①。

对于患者而言,一个醒目的紫色油墨印记无异于是被贴上了等待救赎的另类标签。医方所关注的目标清晰而单一,那就是采取一切可能的技术手段实现对生命的救治;而这个关注目标的技术视野何其狭隘,面对一个个依然鲜活的生命是否有任何审美的需求,是否有个人隐私的保护意识,似乎都是在考量之外的。在这样的就医氛围中,患者的承受力被锤炼得异常强大,"在旁人眼里看来紫色标记不啻是死亡的标记,但病人似乎习惯了自己的命运,或者因相同的命运而缓解了个人的悲伤,他们互相交谈各自的病情,平静得如同交谈天气和物价"②。所幸的是,由于医学科技的发展进步,我们在很多地方已经不再看到如此无奈而又残酷的生命救赎的印记。

医学伦理学理论中充满思辨色彩的生命质量和生命神圣理论,在面对现实困境的拷问时显得异常苍白而艰难。就在妞妞一个月的时候,医生明确下达了医嘱:"左眼摘除,右眼试行放疗和冷冻。"尽管得知一个月大的婴儿能够承受全身麻醉、能够承受放疗,但是在内心深处,作者是无论如何不肯接受有一个残疾女儿的现实,手术治疗在他看来是没有意义的多余举动。要么拥有十全十美的孩子,要么什么也没有。其实作为人类来说,这种看似简单的、公式化的生命选择难以实现,作者后

---

① 周国平. 妞妞:一个父亲的札记 [M]. 武汉:湖北长江出版集团长江文艺出版社,2008:225.
② 周国平. 妞妞:一个父亲的札记 [M]. 武汉:湖北长江出版集团长江文艺出版社,2008:224.

来在妞妞离世后不得不承认，自己对于一个残缺的生命始终缺乏认知，而这种认知的匮乏源自传统的狭隘而自私的心理。这意味着妞妞，一个不完美的生命权利实际上早已被父母在内心充满无奈地放弃了。

作者出于无奈的逃避心理放弃了选择，但放弃医学治疗的结果却是难以承受的残酷现实。他曾经渴望通过求助于各色气功师、中医师、"神医"去收获"奇迹"，这种荒谬和侥幸的心理导致错过了最佳手术治疗期，随着病情的发展，只能任由死神步步逼近。直到妞妞去世后，作者追悔不及，如果可以再次进行选择时，他会毫不犹豫地选择手术，但是生命是不可逆的，人根本无从寻觅二次选择的机会或可能。

三、生命的喜悦与悲怆：生命与死亡的纠结

一个刚刚诞生的生命，就被无情地宣判了生命的终结，这一切来得多么残酷、荒谬、可憎。作者以哲学的深度对人类生存的现状困境进行了准确的刻画。这对年轻夫妇在孩子出生一个月的时候就知道病情，尽管面临亲友们不乏善意的安抚，医务人员专业意味十足的劝慰，尽管内心明知孩子不是双目失明就是失去生命，对这对年轻夫妇来说，任何一种抉择都异常艰难，任何一种选择都必然留下遗憾，都会令人深深地悔恨，这本身就是一种无从选择的选择。

生命从无中来，通过这个世界，最终复归虚无。生老病死，也许是人生无法摆脱的永久课题，但是在妞妞身上，人生漫长数十年的历程就在这短短的562天浓缩呈现，就显得过于突兀、过于残酷。也许对很多人来说，一个如此幼小的生命，如此短暂的存在，又迅速在这个世界上消失，似乎在这个世界上不会有太多的波澜。但是，只有为人父母者，对牙牙学语的孩子表现出任何语言功能的进步满怀惊喜，才能体会周国平笔下对孩子的嗔闹玩笑描摹得如此细腻，正是在对孩子一举一动、点点滴滴成长过程的关注和记录中，倾注了强烈的爱恋与关注。这个可怜的孩子生来就热切而执拗地追逐光明，当她看见一团橘黄色的灯光时她会笑很久。其实，《妞妞》不只是一个父亲痛失幼女的观察、体悟和记录，他不仅记录了为人父母者伴随孩子成长的过程中，所拥有的最为喜悦、细腻的感触，每一天都沉浸在孩子成长所带来的惊喜和快乐的同时，也刻录下年轻的父母不得不面对病魔一天天对孩子的疯狂摧残，内心饱尝悲哀、无奈的精神折磨与痛楚。夫妻二人一天天目睹孩子不断成长的喜悦，同时一天天迈向毁灭的悲怆交错混杂的过程叙事，不仅仅是一个普通的家庭刻骨铭心的欢乐与痛苦交织的独特记述，也是一个始终围绕着生存与死亡紧紧纠结的重大命题。

一个幼小的生命，竟然被意外地安排承受如此之多的灾难与痛楚，甚至是在妞妞还不会说痛楚的时候。她对疼痛的描述源于直接的身体感受，就是身体被床架碰撞后的疼痛，所以她对于疼痛的感知与表达始终是"磕着了"。绝大多数成年人至死也不曾经历的癌症的剧痛，妞妞在短促的生命中都一应体验了，可是她只会说："磕着了！"[1]，只能哭喊道："妞妞磕着了，好爸爸想办法，想想办法！"[2] 但是好爸爸毫无办法、束手无策。面对女儿难以忍受、无法解除的疼痛和无可逃避的毁灭，作为父亲的作者，对女儿难以名状的疼痛的描写充满了父亲深刻的

---

[1] 周国平. 妞妞：一个父亲的札记 [M]. 武汉：湖北长江出版集团长江文艺出版社，2008：225.
[2] 周国平. 妞妞：一个父亲的札记 [M]. 武汉：湖北长江出版集团长江文艺出版社，2008：256.

悲悯、无奈与无助，他唯一能做的只能是"搂着妞妞，无言流泪"①。这是何其惨痛的一幕，眼见至亲至爱的人深陷于无可救助的痛苦中，内心满怀着强烈的自责、无奈、愧疚何尝不是一种巨大的创痛？随着癌细胞的无情转移、扩散，疼痛无可避免地进一步加剧，父母伴随着妞妞一起度过一个又一个的不眠之夜。在经历了那些无以名状的极度的痛楚与疲累之后，最终解决的办法是残酷的，因为它意味着生命的最终诀别。妞妞生命的终结似乎成为这个小小家庭遭遇巨大劫难后一种特殊的解脱。

　　从生命认知的角度来说，很多人都清楚死亡本是生命的必然构成，对于新生命的诞生人们多可以欣然接受，而一旦涉及死亡很多人往往讳莫如深，更遑论坦然接受死亡。作者最终痛苦地警觉，妞妞正在遭受无法忍受的痛苦，由于不存在一丝复原的希望，遭受这样的痛苦毫无意义，"对于一个身患绝症又不堪忍受长时间临终折磨的人来说，安乐死是一个明智的选择②"，可是一旦准备真正付诸实施就显得异常困难。《妞妞》一书不仅向世人展示了舐犊情深的细腻亲情，更通过妞妞的故事揭示了由于立法缺失所带来的现实困境的严肃问题。病患亲人尽可能延长生存时间的期盼，与尽可能减少病患生存痛苦的愿望同时并存，看似合情合理的两个愿望彼此并不相容。一旦准备实施安乐死，当不可逾越的、阴阳相隔的残酷现实即将到来时，当目睹一个如此单纯、稚嫩、可爱的生命不可挽回地冰冷、僵硬、灰白而最终消逝，夫妇二人合力缔

---

① 周国平. 妞妞：一个父亲的札记 [M]. 武汉：湖北长江出版集团长江文艺出版社，2008：256.

② 周国平. 妞妞：一个父亲的札记 [M]. 武汉：湖北长江出版集团长江文艺出版社，2008：280.

造了可爱的生命之花，最终又亲眼目睹、亲手结束这个稚嫩的生命，在父母心头是怎样的大悲大痛？既然来到这世间，甚至来不及体会生命的绚丽过程就仓促画上句号，而且竟然是如此短暂、痛苦的生命过程。生命之意义何在？生存之价值何在？而残酷的追问本身就令人不忍直面。

回首妞妞短暂的生命旅程，期间或许曾经经历过别样的选择。这个选择的权利属于父母，但是选择的困境包含两种因素：必须做出选择，但是无论何种选择都是不愿意面对、无法接受的，因此必然是艰难的，要求作者做出"两害相较取其轻"的明智选择似乎太困难了。作为妞妞的父亲，无论是让孩子失明抑或让孩子死亡，任何一种选择都是无法接受、无法面对的。他"紧紧搂住了女儿，既不愿意让女儿失明，更不愿让女儿失去生命，"那就只能等待最后结局的到来。由于恐惧和担忧，他们既无法直面死亡，也无力回应厄运的挑战，最终只能任由死亡步步逼近。

其实，苦难也许本是生命的本然状态，任何拒斥和怨恨心理都难以化解苦难。如果说命运中的苦难是人类自身无从选择的，但是至少我们可以选择应对苦难的姿态；尽管无法遏制死亡的最终命运，至少在面对死亡的胁迫时，进行过充满勇气的抗争。相较而言，日本加藤浩美在《你是我唯一的宝贝》中叙述的夫妇二人在孕期就已经得知孩子秋雪患有先天心脏病及唐氏综合征，他们没有抱怨、怨恨，而是以主动的姿态坦然接受命运的安排，始终怀着爱的感恩，因为"对于这样的人生，秋雪来到这个世界时已经做好了心理准备，他相信我们做父母的会陪他一起走下去，所以才来到我们家。对于这样的孩子，如果我们做父母的不能勇敢地去面对，那就是对生命的失敬"①。不论是否经历过生命的苦难，我们无从苛责初为父母者"面对苦难，他们缺乏承担的勇气与崇高的境界"，毕竟，面对生命的两难选择实在过于沉重、过于艰难。加藤浩美夫妇以主动的姿态坦然迎接生命的磨难，更让人从内心为之敬服。正如作者所说，"经历过巨大苦难的人有权利证明，创造幸福和承受苦难属于同一种能力。没有被苦难压倒，这不是耻辱，而是光荣"②

四、生命意义的困惑：面对残缺

在妞妞死后，夫妇二人在普陀山法雨寺众多香客中关注到了两个年轻的残疾人，作者用尖刻、冷漠的笔触进行了嘲弄式的描摹："其中一个是跛子，一个畸形得全无人样，皮包骨的腔尖戳在半空，身躯和脑袋垂地，活像是一只在尘土中爬行的丑陋的甲虫，"更让人触痛的是作者心理活动的展示，"心中一下子黯然，感到了生命欲求的卑贱和无谓"③。和作者反应截然不同的是雨儿，"她嗖地站起来，奔跑过去，扶着那个佝偻症患者无比艰难地翻过佛殿的高门槛，进入殿内，又等着他进香拜佛，随后协助他翻出殿门，目送他离去"。事后，曾经帮助过残疾人的雨儿发出"不让她（妞妞）活下来是对的"的感慨，而作者则坚持声称"鄙视那个怪物的生命欲求，但不论妞妞怎样残废，我都不愿她死"④。这种看似矛盾的表述其实并不难理解，对残疾人积极救助

---

① 毕国珍. 悲剧是对世俗人生的撕裂与超越 [J]. 名作欣赏，2012（24）：37.
② 周国平. 妞妞：一个父亲的札记 [M]. 武汉：湖北长江出版集团长江文艺出版社，2008：358.
③ 周国平. 妞妞：一个父亲的札记 [M]. 武汉：湖北长江出版集团长江文艺出版社，2008：317.
④ 周国平. 妞妞：一个父亲的札记 [M]. 武汉：湖北长江出版集团长江文艺出版社，2008：326.

的雨儿不能面对自己的女儿残疾的可能，对残疾人生存状貌无法接受的作者内心依然残留着对女儿生命深深的惋惜。阅读到这段文字，确实令人为之悸痛。其实，正如作者在2006年书籍新版自序中所说："置身于一个具体的苦难中，我身上的人性的弱点也一定会暴露出来，盲目、恐惧、软弱、自私等其实是凡俗之人的苦难的组成部分，我对此毫不避讳。"作者的内心剖析可谓深刻而坦白，对自己人性的弱点没有丝毫掩盖，这是一种具有巨大勇气的、内心世界的真实呈现。

也许从内心来说，人人都喜欢那种具有丰盈、旺盛生命力的象征，健硕、端正的形体，姣好、美丽的容颜，但是否残缺的形体、丑陋的容貌就不具备生存的权利？难道他们天然地就必须生活在他人的冷眼、淡漠与歧视中？难道仅仅因为一个是自己至亲骨肉的妞妞，一个是形同陌路的残疾人，评判生命存在和生命价值的标准就有所不同吗？毫无疑问，人们对于妞妞那样一个永远定格在尚未绽放的稚嫩、可爱的小生命充满了同情、怜惜，难道对一个形貌丑陋、肢体残缺却选择继续顽强生存的生命就不能给予应有的尊重和怜悯？如果我们关注和怜爱的视野仅仅局限于那些和我们有着这样那样的亲情、血缘关系的生命，而无端忽视甚至厌弃那些和我们没有任何关联的生命，是否显得偏狭？为什么不能在我们的内心深处给予这些不幸的人们一个柔软的空间，当他们需要帮助的时候默默伸出我们的双手，而不只是内心的蔑视和冷漠、尖刻的嘲讽？如果没有对每一个具体的生命的敬畏与尊重，我们又有什么权力去奢谈对人类生命权利的尊重？其实，任何人都无权对他人的生命选择做出道德层面的责难。对生命的关爱和敬重并不应仅仅局限于这些看来美丽、健全的躯体，任何人都不拥有对那些看似残缺乃至丑陋的生命存在鄙视、嘲弄甚至否定的权利。

黄璐曾经评论说"周国平的哲学素养使他的散文融进了深刻的哲学意味，让人们在感叹一个具体生命生死的同时，视野被拉大到了人类普遍的生命意识。将生命个体的悲剧意识泛化到人类的苦难中，并给予这种苦难以最具个人特质的诠释"[1]，应该说，妞妞的生死历程正是周国平的生命哲学意蕴在偶发个体事件中感人至深的生动体现。在笔者看来：出于对人类生命的关注，我们必须给予每一个生命应有的敬畏与尊重，方能真正体现出每一个生命的尊严和价值。

---

[1] 黄璐. 沉沉父爱里的生命哲学——解读周国平的《妞妞：一个父亲的札记》[J]. 广西民族大学学报（哲学社会科学版），2006（12）：148.

寂寞的行走者[1]

——亨利·梭罗《瓦尔登湖》生态意蕴解析

亨利·大卫·梭罗是美国最有影响力的自然文学作家，也是生态思想史中的重要人物，美国很多生态学家和环保主义者将梭罗称为环境保护主义和生态保护主义的先驱，把他称为生态文学的创始人。其所著的《瓦尔登湖》在1985年《美国遗产》杂志上列出的"十本构成美国人格的书"中位居榜首，梭罗本人也被视作美国文化的重要遗产之一，瓦尔登湖成为梭罗追随者心中的圣地。

尽管由于时代的局限，梭罗没有完整的生态学理论表述，更谈不上系统、完整的理论框架，但是在26个月的瓦尔登湖畔的生活表明，他对田园生活绝不仅是单纯的精神向往和追求，更是一种真切的实践和体悟，完成了其个人生态人格的构建与完善，无疑对现代生态文明理论与实践的探讨具有重要意义。《瓦尔登湖》由18篇散文组成，在四季循环更替的过程中，详细记述了他在自给自足的生活中体悟到的农事生活的艰辛与收获的喜悦，体验到了劳动所带来的快乐与自尊。独居其间，

---

[1] 原文发表在《贵州大学学报（社会科学版）》2013年4月第31卷第4期，有修改。

梭罗也有被他称为"来到这个森林的人，都是朝圣者"的访客，正是在与渔民、猎户、哲人的交谈中，寂静、平淡的生活中不乏生活智慧的交流与闪光。梭罗在追求理想、体验理想、实践理想的过程中实现了理想与现实的交融，他创造了一种在平实的描述中寄寓深刻思想的写作方法，也成为后人在写作自然文学作品中所追求的风格之一。

一、自然清新、淡定高雅的生态审美情趣

亨利·梭罗对大自然充满了感激、敬畏之心，他的喜怒哀乐与大自然心性相通，他在大自然自由行走，与大自然和谐相处，浑然一体。在亨利·梭罗的眼中，大自然充满了人性的亲和与温暖，对人类满含悲悯情怀，"他们对人怀有这样的同情，如果任何人因为正当的理由而悲伤，整个大自然都会被打动，太阳的光辉会暗淡，风会同情地叹息，云会洒下雷雨，树林会在仲夏落掉叶子穿上丧服。"[①] 梭罗声称在与大自然的交往中"每一个毛孔都吸取着快乐"，他可以轻而易举地、随时随地在大自然中找到最为甜美温柔、最为率真和令人鼓舞的伙伴，他对自然的书写是从心灵的角度看待自然的真切表露，用优美的、富于诗意的语言进行描摹："大自然的难以言表的纯洁和恩泽，——太阳、风和雨，夏季和冬季，——永远赐予我们这样多的健康，这样多的快乐！"哪怕是在外人看来不堪忍受的凄风苦雨，在梭罗看来却依然是可以尽兴陶醉的幸福时光，"春秋两季长时间的暴风雨期间，在挟东北风倾泻而下的滂沱大雨中"，梭罗"在自己的小屋仅有的一个门的后面，尽情享

---

① [美] 梭罗. 瓦尔登湖 [M]. 王家湘, 译. 北京: 北京出版集团北京十月文艺出版社, 2011: 139.

受自然给予的保护"①。

在梭罗眼中,湖泊是自然景色中最美也最富表现力的一部分。瓦尔登湖的湖水清澈纯净、变幻莫测,随着四季的变幻而呈现出完全不同的美景,"它是地球的眼睛;凝视湖中,人能够衡量出自己本性的深度。湖边生长的水生树木是它周围纤细的睫毛,四周树木苍郁的群山和山崖是突出于其上的眉毛"②。亨利·梭罗有着善于捕捉、善于倾听的耳朵,他对大自然中的声音有着惊人的细致、准确的捕捉,毫不吝啬地用最富于美感的语言去展现、描摹,"一切声音在传到可能的最远处时都产生一个同样的效果,那就是宇宙竖琴的颤动声;仿佛远处的山脉,由于介于其间的大气的作用,被涂上了一抹天蓝色,看上去极富情趣,被空气过滤后的钟声的旋律,和森林中的每一片树叶、每一根松针交流过的旋律,被大自然的力量接纳了的这部分声音,在经过调整后回荡在山谷之间"③。黄昏时分,森林尽头传来遥远的牛叫声,在梭罗听来竟是如此甜美悦耳,与吟游歌手的歌声一样,堪称天籁之声。在梭罗笔下,看似司空见惯的蛙鸣、鸟啼、昼夜的更替,乃至树叶的颤动,一切都蕴含着无限的生机和情趣,"牛蛙高叫着迎来了黑夜,荡漾的微风送来了对岸的夜莺的歌声。和摇曳的杞木及白杨叶间的感应,使他几乎激动得喘不过气来"④。在如此优美的自然意境中,我们能深刻地体悟到梭罗对大

---

① [美]梭罗. 瓦尔登湖[M]. 王家湘,译. 北京:北京出版集团北京十月文艺出版社,2011:134.
② [美]梭罗. 瓦尔登湖[M]. 王家湘,译. 北京:北京出版集团北京十月文艺出版社,2011:188.
③ [美]梭罗. 瓦尔登湖[M]. 王家湘,译. 北京:北京出版集团北京十月文艺出版社,2011:124.
④ [美]梭罗. 瓦尔登湖[M]. 王家湘,译. 北京:北京出版集团北京十月文艺出版社,2011:130.

自然、对生态万物始终抱持着一份崇敬、感激之心,他善于用诗意的语言、细腻的意境刻画,激发起人们对大自然的无限神往。对梭罗这样一位大自然的观察者、呵护者,大自然毫不吝啬地给予了丰厚的、无私的回馈,不仅有四季交替的自然美景盛宴,视觉的审美愉悦,听觉的丰富和满足,秋季到来时丰盛的浆果似乎胜过世间的一切美味,冬季清冽的瓦尔登湖水也给他带来巨大的安详、静谧的精神享受。

出于对大自然的感激和呵护,与大自然的身心交流,使得梭罗在他的作品中自然地注入了对生态环境倍加关切的保护色彩,对自然的破坏以及盲目开发的抗争意识。梭罗始终关注着瓦尔登湖良性的生态循环:"去年冬天森林被砍掉的地方,另一片林子又在岸边郁郁葱葱地抽芽生长了起来;同样的思绪涌现到和昔日一样的湖面;带给它自己和造物主同样清澈的喜悦和欢乐,……这湖无疑是一位勇者的杰作,他用手围起了这片水,在心田里使他深化、净化,作为遗产将它留给了康科德。"①在梭罗看来,瓦尔登湖由于过着像森林中的隐士那样沉默克制、朴素无华的生活,因此获得了如此奇特的纯净,梭罗提议把瓦尔登湖称为"神赐之滴"。故此,他认为瓦尔登湖遭到伐木人的毁坏性砍伐,不仅破坏了湖畔的自然景观,也势必危及瓦尔登湖畔生态系统的稳定,"如果我的缪斯女神从此沉默,那是情有可原的。树林被砍掉了,你还指望小鸟会歌唱吗?"②尽管没有明确提出生态系统的完整概念,但梭罗还是敏感地意识到自然界各物种之间的不可分割的关联性、系统性。

---

① [美]梭罗. 瓦尔登湖[M]. 王家湘,译. 北京:北京出版集团北京十月文艺出版社,2011:195.
② [美]梭罗. 瓦尔登湖[M]. 王家湘,译. 北京:北京出版集团北京十月文艺出版社,2011:194.

二、满含情趣、包容仁爱的生态道德

在梭罗眼中，人和万物都是天地的产物，构成了一个同根同源的生命整体。梭罗的仁爱之心泽及草木禽兽，并非仅出于浪漫色彩的情怀，而是人类与动植物共同拥有的世界的责任使然，人类不是高高在上、俯视大自然的主宰，也不是匍匐在地、在大自然面前畏手畏脚的仆从，而是大自然友好相处的朋友。天人和谐的境界并非遥不可及的幻梦，而由于与那些触手可及的草木万物的和谐共处而变得真切、具象。

瓦尔登湖畔的森林是一个观察各种动物的好地方，梭罗从来不是一个漫不经心、不动声色的旁观者，他摒弃杂念，全身心地投入到观察中。梭罗拥有着一双细腻、敏锐、动情的眼睛，饱含对万物的尊重甚至宠爱的神情："你只需要在森林里某个有吸引力的地方，静静地坐上足够长的一段时间，林中所有的居民就可能轮流出来向你展示他们自己"。① 在梭罗看来，"一条鱼的跃出，一只昆虫的落入，都由一圈圈水涡、一条条美丽的线条表现出来，仿佛那是生命之泉的不断涌出，它生命的轻轻脉动，它胸腹的一起一伏"② 都是满含着惊喜、欣赏、愉悦的精神体验。一只并不起眼的蚊子在梭罗笔下竟然能用如此诗化的语言展现："一只蚊子在我的房间里做着看不见的也无法想象的旅行，发出的微弱的嗡嗡声打动了我，就像听到任何歌颂美名的号声一样，这是荷马的《安魂曲》；本身就是空中传播《伊利亚特》和《奥德赛》，歌唱着

---

① ［美］梭罗. 瓦尔登湖［M］. 王家湘，译. 北京：北京出版集团北京十月文艺出版社，2011：231.
② ［美］梭罗. 瓦尔登湖［M］. 王家湘，译. 北京：北京出版集团北京十月文艺出版社，2011：190.

自己的愤怒和漂泊。"① 在他的笔下，红蚂蚁和黑蚂蚁之间充满悲情色彩的酷烈战斗，参战者的数目、参战者表现出"不战胜毋宁死"的勇武、决绝都让梭罗为之动容："我感到自己的感情在目击了这场战争以后既激动又痛苦，仿佛这是一场在我的家门口进行的人类血流成河的恶战"②。

梭罗记述了瓦尔登湖畔森林里人与自然和谐相处、妙趣横生的各种趣事。他与能发出怪异笑声的潜鸟进行过智慧与耐心的较量，也曾在树叶的沙沙声和红松鼠及松鸦大声的申斥中采集栗子，——有时他会偷吃它们吃了一半的栗子，因为这些小动物挑选的栗子肯定好。梭罗一连几个小时观看野鸭在湖面灵敏地游来游去，他发现山鹬的幼鸟甚至比小鸡发育得还要完全和早熟，"它们张开着的宁静的眼睛里那惊人的成熟而却又天真的表情，实在令人难忘。它们的眼睛里似乎反映出一种智慧，这不仅显示了幼年的纯洁，而且还显示了一种被经验化了的智慧。这样的眼睛不是与生俱来的，而是和它所反映的天空同样久远"③。在梭罗的记述中，瓦尔登湖畔森林里的动物友善、可爱、调皮，而倍受梭罗呵护的小动物们显然把梭罗视为一个无害的异类，成千的黄蜂飞到他的住处，只因为找到了合意的过冬处所。可爱的红松鼠，在森林里忽左忽右，跑跑停停，不时地跳跃、翻个跟斗，几乎所有动作、表情都带有表演性质，"即使是在森林最偏僻的深处，也和舞女的动作一样，意味着

---

① ［美］梭罗. 瓦尔登湖［M］. 王家湘，译. 北京：北京出版集团北京十月文艺出版社，2011：89.
② ［美］梭罗. 瓦尔登湖［M］. 王家湘，译. 北京：北京出版集团北京十月文艺出版社，2011：235.
③ ［美］梭罗. 瓦尔登湖［M］. 王家湘，译. 北京：北京出版集团北京十月文艺出版社，2011：230.

有观众在场"①。胆小的松鼠跳到木屋窗前木头堆上的一根木头上,无所畏惧地坐在那里吃上几个小时,在习惯与人相处后,为了抄近路,偶尔也会踩在作者的鞋子上过去。一次当梭罗在菜园锄地的时候,一只麻雀在他的肩膀上落下来停留,这个时刻让梭罗感觉无上光荣,"佩戴任何肩章都无法与之相比"②。这是人与自然浑然一体、物我两忘的动人时刻,这是人与自然的和谐共处的景象,无论是人或动物,都是彼此相安无事、怡然自乐的体验。

三、崇简抑奢、节制理性的生态消费观

尽管没有完整的生态环境思想理论体系的表述,作为一个勇敢、理性的践行者,梭罗特别强调参与自然、体悟自然的亲身经历,称"直观的自然经历可以产生实实在在的智慧"③。梭罗为实现人与自然之间的和谐而对自己的生活方式进行合理的安排与规划,体现了环境伦理原则与规范在个人身上的凝结和内化,并把对大自然的责任和使命外化为自觉的行为担当。

梭罗珍视在瓦尔登湖畔生活的每一天,在他看来,"每一个清晨都是一份快乐的邀请,要我过和大自然一样简朴的、也可以说同样纯洁的生活"④。他主张简单、淳朴的生活方式,摒弃人类社会中一切不必要

---

① [美] 梭罗. 瓦尔登湖 [M]. 王家湘,译. 北京:北京出版集团北京十月文艺出版社,2011:278.
② [美] 梭罗. 瓦尔登湖 [M]. 王家湘,译. 北京:北京出版集团北京十月文艺出版社,2011:280.
③ 程虹. 寻归荒野 [M]. 北京:生活·读书·新知三联书店,2011:114.
④ [美] 梭罗. 瓦尔登湖 [M]. 王家湘,译. 北京:北京出版集团北京十月文艺出版社,2011:88.

的奢侈和浪费的生活方式，是闪烁着生态智慧的理性选择，超越于物质财富之上的生态智慧。梭罗在日记中对简朴的生活有明确的解释："世上有两种简朴，一种是近乎愚昧的简朴，另一种是明智的简朴。智者的生活方式，是外在简朴而内涵丰富。野人的生活方式则是内外都简朴。"① 梭罗提示人们关注日常行为的选择对生活的巨大影响。"我们整个的生命是惊人地具有道德性的。在善和恶之间，从来没有瞬间的休战。善是唯一不会辜负人的投入。在整个世界中颤动着的竖琴的乐声，正是因为它强调善才使我们为之激动"②。在梭罗看来，"当吃的东西不是为了维持我们肉体的生命，或者也不是为了激励我们的精神生活，那我们就成了（我们）肚子里的寄生虫的食物了"③。他尖刻地抨击那些仅仅为了满足口腹之欲而嗜杀生灵的人们过的是一种"吃吃喝喝的、卑鄙的野兽般的生活"。在梭罗自己本人的饮食、衣饰、用度等诸多方面无不体现了他的不为物役、崇简抑奢的理念。

梭罗生态消费观的突出特征就是在尽可能少的物质资源的消耗中去寻求获得最大化的精神文化财富，在有意识地弱化对物质财富的占有和追求的过程中，他返回到几近人类历史的童年时期的生活体验和感悟。"人从自身中寻找到了自己的需要，生活本身就变成了自我的消遣，而且永远都是新奇的。这是一场永远不会结束的多幕剧"④。他主张人类

---

① Sherman Paul: *Thoreau*: *A Collectionof Critical Essays* (Englewood Cliffs, N. J. Prentice-Hall, Inc, 1962: 104.

② Sherman Paul: *Thoreau*: *A Collectionof Critical Essays* (Englewood Cliffs, N. J. Prentice-Hall, Inc, 1962: 221.

③ Sherman Paul: *Thoreau*: *A Collectionof Critical Essays* (Englewood Cliffs, N. J. Prentice-Hall, Inc, 1962: 221.

④ [美] 梭罗. 瓦尔登湖 [M]. 王家湘, 译. 北京: 北京出版集团北京十月文艺出版社，2011: 114.

应该选择过一种简单的生活以消解人类对物质财富的过度依赖，真正从人类精神生命的创造中发掘生命的意义和价值。因为只有在极少的生态资源的耗费的基础上，才会有更多的对生命、对自然的理解和创造。"对我们的身体而言，最大的需要是保持温暖，是保持体内生命的热量，大多数的奢侈品，以及许多所谓的使生活舒适的东西，非但不是必不可少的，而且必定阻碍人类的崇高向上"①。梭罗的生态消费观对于在现代社会人们过于尊崇个人物质奢欲的满足，而忽视人类自身精神的富足、生命境界的提升，忽视人类生产消费给生态造成的资源承载能力、生态环境容量的严重负荷无疑具有积极的启迪，它克服了奢侈消费观的偏颇，避免人类陷入过度生产—过度消费—过度浪费的怪圈，体现了积极的理性精神和严格的道德自律。由于地球资源和环境承受能力的有限性，人类在满足发展需要时不能超过生态环境承载力的限制，生产和消费必须有利于环境的保护和维护生态平衡，既要实现资源的最优化和永续利用，也要求实现废弃物的最小排放和对环境的最少污染，让万物共生互利，使社会、自然与人和谐相处②。

四、超脱物欲、注重高尚的精神诉求

梭罗不仅是一个"追求个人内心和谐"的思想家，还是一个言行一致，敢作敢为的实践者。③ 梭罗反对依赖近代日渐发展的科技力量满足自己的生活需要，他在瓦尔登湖畔的生活依靠劳动来维持，其劳作生

---

① [美]梭罗. 瓦尔登湖［M］. 王家湘，译. 北京：北京出版集团北京十月文艺出版社，2011：70.
② 李维香. 生态人的基本规定及其生成必然［Z］//刘爱军. 生态文明研究. 济南：山东人民出版社，2011：187.
③ 张爱玲. 重访边城［M］. 北京：北京出版集团公司北京十月文艺出版社，2012：13.

产的目标很明确，就是满足维持个人生计之需，所以梭罗进行的种植从不刻意追求产量。在种植豆类时候，梭罗非常小心地为大自然的各个物种保留各自原有的生存空间，他认为没有清除狗尾草等杂草的权利的原因在于"那会毁掉植物们古老的百草园"，在他所"种的地里的是快活地回复到它们野生原始状态的豆子，我的锄为他们演奏者瑞士的牧歌"①。尽管土地贫瘠，耕作有违农时，但却足以维持生计，在劳动闲暇之余他有充裕的时间去阅读、冥想，思考人生。

在梭罗看来，他简陋的木屋比起大学更适合于思考，而且也更适于严肃地读书。梭罗强调指出，文字是最珍贵的纪念物，读书始终是一项高贵的精神活动，比同时代的社会习俗所推崇的任何一项活动都更需要竭尽心力。人们应以真正的精神读真正的书，读书要像写书时那样慎重和克制，"我们必须辛勤地探询每个字、每一行的意义，用我们拥有的智慧，勇气和气量，揣摩出比一般运用下更深的含义来"②。在梭罗看来，人类往往容易被一种称为需求的表象所迷惑，大多数人仅仅由于无知和错误，被生活中人为的烦恼和过于粗重的劳作挤得满满的，以致无法摘取人生精美的果实，而日复一日艰苦、繁重的劳作使人们无暇拥有真正的生活，难以和自然保持本应密切、简单的关系，甚至在喧嚣的世界无暇梳理内心。梭罗提出人们花费大量心血、时间、精力去满足物质需要，却忽视自身精神的空虚与无知是对生命的极大浪费，"为什么我们要生活得这么匆忙，这样浪费生命？我们花费大量时间去关注遥远某地的闲言碎语，而不是花费时间去了解那些永远不会过时的事情。让我

---

① ［美］梭罗. 瓦尔登湖［M］. 王家湘，译. 北京：北京出版集团北京十月文艺出版社，2011：159.
② ［美］梭罗. 瓦尔登湖［M］. 王家湘，译. 北京：北京出版集团北京十月文艺出版社，2011：101.

们像大自然那样从容不迫地过上一天，而不要因落在路轨上的坚果壳和文字翅膀而出了轨。"① 这是在面对工业化进一步加剧、浮华躁动的时代，一个伟大的思想者理性而睿智的呐喊。

的确，在近现代社会创造了人类历史上空前辉煌的物质文明的过程中，以博取经济利益的最大化倾向逐渐取代了人们对于内心世界的关注，表现出狂热、急切的功利欲望，正是这种追求无限的方式和方向的根本转变，忽视了人类精神世界转而过度寻求物欲的满足和享乐，将人类逼到了生态危机的困境。正如阿尔温·托夫勒所说："进步再也不能以技术和生活物质标准来衡量了。如果在道德、美学、政治、环境等方面日趋堕落的社会，则不能认为是一个进步的社会，无论它多么富有和具有高超的技术。"②

五、崇尚自由、敢于批判质疑的思想者

梭罗始终崇尚独立的思考的信条，坚持特立独行的生活方式。在世俗眼光中，曾经在哈佛学院接受高等精英教育的梭罗，显然是非常尴尬的。他曾经在日记中写道："我必须承认，当有人问我对社会有何作用——对整个人类负有何种使命时，我感到惭愧不是没有原因的，但我的四处闲逛也并非没有理由。"③ 在大自然的召唤下，梭罗摒弃了人们追求世俗化的人生道路，他选择的是一条远离喧嚣，潜心观察自然、体

---

① [美] 梭罗. 瓦尔登湖 [M]. 王家湘，译. 北京：北京出版集团北京十月文艺出版社，2011：98.
② [美] 阿尔温·托夫勒. 第三次浪潮 [M]. 朱志焱，译. 上海：生活·读书·新知三联出版社，1984：390.
③ [美] 罗伯特·米尔德. 重塑梭罗 [M]. 马会娟，管兴忠，译. 北京：东方出版社，2002：3.

验自然的独特道路，"行走在康科德乡间的梭罗，仿佛永远行走在人们的记忆里……而他的服装永远是一种灰或绿与褐色的组合，那是与自然和动物最为接近的色彩。让自然融于自身，同时也让自身溶于自然，是梭罗不同寻常的人生追求"。

　　亨利·大卫·梭罗具有艺术家的敏感、作家的天赋和诗人的灵魂。写作语言优美、睿智，表达简洁、幽默，富含哲理意味："今天人人附和或默认是正确的，结果明天可能会变成是谬误，仅仅是一件见解的轻烟，而有些人还曾相信那是会给他们的田地洒下滋养的雨水的云朵。"[1]由于我们往往过多地关注一个人外在的服饰，以至于忽略了内心，"关心的不是真正值得尊敬的东西，更是受到人尊敬的东西。我们熟悉的人很少，熟悉的衣服和裤子很多。"[2] 他讥讽人们对时尚的跟风膜拜就像"巴黎的猴子王戴了一顶旅游帽，美国所有的猴子也都跟着戴"。梭罗主张简朴的生活方式也许与那些一味以追求物欲的满足为唯一生活目标的人格格不入，他甚至坚持认为咖啡和茶叶与他的简朴的生活方式是不相容的，在他看来，"白水是聪明人唯一的饮料。用一杯咖啡使早晨的希望成为泡影，或用一盏茶使晚上的希望破灭，当我被它们诱惑时，我是多么堕落啊！"[3] 这种断语式的表述显然是由于梭罗个人的喜好所决定，而就社会生产力发展的角度来说，他所践行的自给自足的生产方式显然也难以满足人类物质生活和水准不断提升的需求，我们并不主张简

---

[1] ［美］梭罗. 瓦尔登湖［M］. 王家湘，译. 北京：北京出版集团北京十月文艺出版社，2011：7.

[2] ［美］梭罗. 瓦尔登湖［M］. 王家湘，译. 北京：北京出版集团北京十月文艺出版社，2011：21.

[3] ［美］梭罗. 瓦尔登湖［M］. 王家湘，译. 北京：北京出版集团北京十月文艺出版社，2011：220.

单复制梭罗个人的生活方式和消费模式,但是梭罗提出注重人精神境界的提升,减免不必要的奢华的生态消费理念对于当前构建人和自然和谐共生的生态社会无疑是具有进步意义的。

  不容否认,梭罗对自然的尊重、热爱的思想深深感染着每一个读者,就个人角度来说,正是在探索生机勃勃、情趣盎然的大自然的活动中,在寻求个人精神境界不断升华的道路中,梭罗不仅经历了个人内心世界不断丰富、成熟的过程,而且在自然文学的发展、人类生态文明理论发展的历史上留下了充实而有意义的表述;梭罗关于自然美景的表述局限在自然界的生态审美对象的价值范畴,未对自然界的内在价值和系统价值的关系进行深入剖析,无法从哲学层面论证生态规律转换为道德义务的必要性和可能性,他的生态良知和生态义务也就只能停留在个人生活层面;从社会层面而言,他带有浓厚个人色彩、简朴得几近苛刻的生活方式难以得到广泛的认同和接受,以致无法形成系统的生态保护理论而推广到普遍性的社会实践,更不可能与自然科学结合而形成一种保护自然的物质力量、技术力量。但是,面对当今世界各国纷纷陷于生态危机困境的现实,回顾近现代人们在处理人与自然关系的过程中曾经经历的迷失,反思人类一味追求经济发展而造成生态环境破坏的巨大代价,对亨利·梭罗的生态自然观进行深入思考,有助于我们借鉴已有的经验和智慧,重新构建新的自然观念和价值体系,为人类在当代生态危机的转折关头提供了宝贵的启示。梭罗的生态自然观、审美观、消费观、生态人格,仍然散发着足以穿越时代的、独特的感染力,引发当代人强烈的心灵共振,瓦尔登湖也就成为人们心中永恒的精神圣地。

绝望与荒谬的抗争

——关于阿尔贝·加缪《鼠疫》的解析[①]

《鼠疫》是一部具有浓厚象征寓意的作品。首先描述了鼠疫突袭奥兰小城后混乱的人生百态,继而展现死亡阴影笼罩下的恐怖乱象,在绝望与恐怖中的人们,为挽救自身命运奋起进行集体抗争,最终赢得了胜利。正是这种为摆脱荒谬困境而进行的积极探索,不仅彰显出人类生存的特殊的厚重感,也喻示着人类与疾病抗争的长期性与艰巨性。

《鼠疫》是一部具有浓厚象征寓意的作品,加缪虚构了发生在20世纪30年代法国一个名为奥兰的小城发生鼠疫的奇特故事。为写这部小说,他耗时6年,查阅了大量医学专业书籍,咨询相关医学专业人士,倾注了大量的时间和精力乃成。这部作品与前期的《局外人》被视作加缪的代表性作品,共同奠定了他在法国文学乃至世界文学中的地位。

[①] 本文发表在《医学与哲学》2013年3月第34卷第3A期。作者为刘小勤、刘小燕。

加缪用文学性的笔触对鼠疫进行了人类历史上第一次全程叙述,从疫情的突然发生、鼠疫症状的准确描述,到隔离治疗传染源、切断传播途径等应对疫情的防控措施,均可以视作一本颇有裨益的医学知识的普及读本;其次,加缪用隐喻手法,对处于纳粹恐怖制度控制下人们的生存境况进行了象征性表述;另外,鼠疫作为政治恶势力的象征,也为人们对于恶的形而上学思考提供了一个具体例证。二战期间,在欧洲2亿人遭受纳粹暴政的践踏、凌辱,加缪则在《鼠疫》中虚构了奥兰小城20万市民在鼠疫肆虐的阴影下苦苦挣扎。"人世间发生了多少次鼠疫,就有多少次战争。然而,鼠疫和战争都使人措手不及"①。无论是战争抑或鼠疫,均可视作人类社会灾难的同义语。加缪本人也声称,"我想通过鼠疫来表现我们每个人所遭受的窒息,表现我们曾在其中生活的那种被威胁和流放的氛围,同时我也想将这一阐释扩展到人类存在的普遍状况"②。笔者认为,《鼠疫》展示的不仅是人类生存状况和困境,更是人类面对荒诞世界展开集体抗争的真实写照,是一部人类应对灾难的写实主义巨著。

一、鼠疫突然侵袭后的人生百态

"了解一个城市的简便办法,是了解人们在其中如何工作、恋爱和死亡"③,在小说开篇,加缪用直白、平静的口吻叙述了一场不期而至

---

① [法]阿尔贝·加缪. 局外人/鼠疫 [M]. 徐和瑾,译. 北京:人民文学出版社,2011:116.
② [法]奥利维耶·托德. 加缪传 [M]. 黄晞云,何力,龚觅,译. 北京:商务印书馆,2010:325.
③ [法]阿尔贝·加缪. 局外人/鼠疫 [M]. 徐和瑾,译. 北京:人民文学出版社,2011:87.

的鼠疫降临奥兰小城。从4月16日贝尔纳·里厄大夫发现第一只死鼠开始,到十几只、几百只死鼠成批出现,显然没有引起市政府足够的警觉,在召开市议会讨论后做出的"郑重"决定不过是要求灭鼠办每天凌晨捡死老鼠,然后送垃圾焚化厂烧掉。这一应对策略的结果是市民们看到越来越多的死鼠出现,无论白天或是夜晚,不论是僻静的街区抑或繁华闹市。

奥兰市政府当局应对这场突然降临的鼠疫疫情存在失策之处,从一开始便竭力掩盖事实真相,以避免使公众和舆论界出现恐慌,声称不过是出现了几例危险的高烧症,要求市民严格保持清洁卫生习惯,发现身上有跳蚤者到市立诊所免费检查,申报确诊的病例,并将病人送到医院的特赦病房进行隔离。随着鼠疫疫情的迅速蔓延,死鼠数目激增,当局发现无法继续隐瞒下去时,就宣告"灭鼠办捡到的死老鼠数目可以忽略不计"①。随着门房第一个感染鼠疫死亡后,一些诡异的、令人困惑的迹象悄然结束,却意味着一个更为艰难的时期才刚刚开始。人们的心理由意外转为惊慌失措,随着类似多个病例接连出现,死亡病例成倍增加,毫无防范的人们才意识到一场真正意义的瘟疫已经到来。显然,人们"不能用对付鼻炎的办法治愈鼠疫"②,这是一场远远超出人们想象的艰难的战争。

迫于鼠疫的汹涌暴发态势,政府当局不得不宣布关闭奥兰小城,对此毫无思想准备的市民们突然陷于被迫分离的状态,奥兰与其他城市的交通由此被全面阻断,当局下令禁止包括长途电话在内的任何通信往

---

① [法]阿尔贝·加缪. 局外人/鼠疫[M]. 徐和瑾, 译. 北京: 人民文学出版社, 2011: 98.
② [法]奥利维耶·托德. 加缪传[M]. 黄晞云, 何力, 龚觅, 译. 北京: 商务印书馆, 2010: 443.

来，电报成为人们与外界联系的唯一方法。鼠疫的突然侵入使得素不相识的人们在一夜之间形成一个命运共同体，个体的恐慌、空虚感迅速地在市民中蔓延、扩散，演化成了社会性心理：人们在精神上强烈地感受到一种类似长期流亡生活的痛苦，"一种所有囚犯和所有流放者的痛苦，那就是生活在毫无用处的回忆之中"。鼠疫给奥兰小城的人们带来了"流放的感觉正是我们经常感到的空虚，是一种确切的激情，即胡思乱想，想要使时光倒流，或者希望时间过得更快，是灼热的记忆之箭"①。

突然降临的鼠疫使人们的生活模式、生活惯性随之发生改变，对疾病的猜疑和恐惧、物资短缺引发的恐慌，逐渐形成一种强烈的负面社会心理。奥兰经济陷入萧条困顿，有人无所事事，有人却从中捕捉到了盈利商机，靠囤积紧缺的食品高价出售，乘机大发横财。一些商家利用市民对疾病的恐慌、无助心理，打出"美酒杀菌"的幌子招徕顾客。有轨电车是市民出行唯一可以选择的公共交通工具，"踏板上和栏杆边站满了人，在车上的所有乘客都尽可能背朝别人，以免相互传染。到站后，大批乘客一拥而下，急忙远离人群，以便独自活动"。人们的心理是十分矛盾的，就个体而论，由于遭受鼠疫突然侵袭所带来的强烈恐惧而渴望相互接近、相互慰藉；而从群体心理来说，彼此之间互不信任、心存芥蒂的心理更加深了恐惧与逃离的愿望，"邻居有可能正在你不知情时把鼠疫传给你，会在你不防时让你染病"②。这种人人自危、小心防范的心理正如守夜人所说，"这种肮脏的疾病！你即使没有染上，心

---

① [法] 阿尔贝·加缪. 局外人/鼠疫 [M]. 徐和瑾, 译. 北京：人民文学出版社, 2011：146.
② [法] 阿尔贝·加缪. 局外人/鼠疫 [M]. 徐和瑾, 译. 北京：人民文学出版社, 2011：247.

里也会得病"①。作者用准确、细腻的笔触对人物内心进行真实、丰富、多元的展现，对因鼠疫造成的流放感、隔膜感、疏离感的刻画，正是人类在这种特殊的生存困境中的真切表达。

二、鼠疫阴影笼罩下的恐怖乱象

时值八月，鼠疫已经席卷一切，这座空荡荡的城市在瘟疫的肆虐下苦苦呻吟，死亡的阴影从奥兰的边缘街区向市中心袭来。由于死亡人数急剧增多，人们不得不把葬礼手续悉数简化，尸体的运送、掩埋都以最快的速度进行，以期把鼠疫传染的风险减少到最小。棺材日渐稀少，裹尸布和公墓穴位都极为匮乏，人们被迫采取分组埋葬，来甚至把男女按性别挖两个大坑草草掩埋，每个坑底铺有厚厚的生石灰，一个个赤裸而又微微弯曲的尸体滑到坑底，基本上是并排躺着，然后盖上生石灰、泥土，但只盖到一定高度，以便给后来的宿主留下位置。由于死者人数大大超过小型公墓的接纳能力，当局不得不紧急征用永久出租的墓地，挖出的尸体遗骸全部送进焚尸炉焚化，对运送尸体的机车和拖车内部进行改装，焚尸炉因此成为一些不幸的人们无法逃避的终点站②。

人们饱尝鼠疫所带来的生离与死别的痛苦，作为这场瘟疫的幸存者则面临着严峻的生存问题。死亡阴影的迫近，强烈的生存渴望，食物严重紧缺，人们忙着排队、走门路、办手续，似乎没有时间考虑自己有朝一日如何死去，他们对一切变故都表现出近乎麻木的顺从、忍耐。在鼠

---

① [法]阿尔贝·加缪. 局外人/鼠疫 [M]. 徐和瑾，译. 北京：人民文学出版社，2011：180.
② [法]阿尔贝·加缪. 局外人/鼠疫 [M]. 徐和瑾，译. 北京：人民文学出版社，2011：232.

疫侵袭的高峰期，剧场里正在演出的演员因患鼠疫突然在舞台上死亡的情景，展示了疫情对人类生命的疯狂摧残。

恐怖的鼠疫似乎对打击的对象不加选择，小说作者从里厄医生的视角着力渲染了两位人物的死亡。一个是奥通法官的儿子，作者用细腻的笔触描述了这个七岁的孩子"在病魔的折磨下小小的身体听任传染病吞噬，脆弱的骨架在鼠疫刮起的狂风中弯曲"。当帕纳卢神甫向天主发出请救救孩子的祈祷时，里厄医生难以遏制内心强烈的反感和愤怒，他从未在如此长的时间里亲眼目睹孩子饱经疾病折磨、奄奄一息的痛苦。面对孩子的死亡，里厄医生根本无法接受那套瘟疫是天主对人类进行惩罚的宗教说词，他愤怒地对帕纳卢神甫提出质疑：那孩子至少是无辜的！从职业理念来说，里厄医生仇恨疾病和死亡，他更愿意用朴素的、直白的语言来表达医者治病救人、以人为本的核心理念，"我关心的是人的健康，首先是人的健康"。① 在里厄医生看来，真正的医生不喜欢夸张的英雄主义和圣人之道的悲情渲染，而是始终坚持进行各种超出常人能力的工作，他们用一如既往的行动践行着捍卫人类健康的神圣使命。

另一位是塔鲁的死亡。在次年1月25日，疫情已得到控制，死亡统计人数大幅下降，人们沉浸在久违的欢乐之中。然而在这个时候，作为卫生防疫组织最早发起人的塔鲁却感染上了鼠疫。尽管里厄医生曾救助过很多患者，尽管他竭尽全力对塔鲁进行了所有能采取的治疗手段后，最终却只能眼睁睁地看着"这个躯体（曾）跟他十分亲近，现在被病魔的长矛刺穿，受到非人的病痛煎熬，被天上的仇恨之风吹得扭

---

① [法] 阿尔贝·加缪. 局外人/鼠疫 [M]. 徐和瑾, 译. 北京：人民文学出版社, 2011：264.

曲,在他眼前沉入鼠疫的海洋之中,而他却无法救助遇难的朋友"。作为医生的他"只能呆在岸边,两手空空,心如刀割,没有武器,毫无办法,再次对这种灾难束手无策"①,这是一次战争结束前的失败。里厄医生由此愈发坚定了攻克疾厄的信心:"对他来说将永远不会再有安宁,对失去儿子的母亲或埋葬朋友的男人来说,也永远不会再有停战的时刻"②。这场鼠疫不仅使我们对于医学发展的局限性、人类与疾病抗争的艰巨性、长期性有了更清醒的认知,对照加缪在诺贝尔获奖词中曾说,他的"创造题材来自人类所遭受的空前苦难"③,更加凸显了加缪个人所推崇的"任何情况下都站在受害者一边"的哲学思想。

三、志愿者卫生防疫组织:人类生命的集体捍卫群像

当鼠疫逐步显示出其狰狞、令人恐怖的真实面貌后,以里厄医生和塔鲁为代表的人们清醒地意识到只有进行斗争,才能使死亡人数尽量减少。由于不满政府卫生防疫工作的涣散无力,塔鲁率先提出成立志愿者卫生防疫组织,并自告奋勇成为第一个成员。塔鲁组建的小分队从事居民稠密街区的防疫保健工作,另一部分小队跟随着医生出诊,负责运送鼠疫患者,也包括运送尸体。由于超负荷地日夜致力于鼠疫防控工作,往往在最后一刻接到通知立即赶往鼠疫患者的家里,有时甚至来不及采取必要的预防措施,长时期、高强度的疾病防控工作使得志愿者们身心疲累、抵抗力下降。尽管志愿者们非常清楚在与鼠疫最直接的斗争中所

---

① [法] 阿尔贝·加缪. 局外人/鼠疫 [M]. 徐和瑾,译. 北京:人民文学出版社,2011:323.
② [法] 阿尔贝·加缪. 局外人/鼠疫 [M]. 徐和瑾,译. 北京:人民文学出版社,2011:324.
③ 李元:加缪的新人本主义哲学 [M]. 上海:上海社会科学出版社,2007:514.

隐藏着的巨大风险，却从未表现出退缩、惧怕，他们是推动卫生防疫工作的真正代表。作者竭力用一种冷静、客观的口吻叙述，在塔鲁的努力下创建的卫生防疫组织应该得到客观、公正的评价，"如果把高尚的行为看得过高，最终却是在对罪恶进行间接而有力的称颂。"① 正是通过这种冷静客观的叙述，作者成功塑造了特殊情境下的普通人的矛盾心态和对立冲突，让读者深切地感悟到志愿者们崇高的献身精神、牺牲精神真实、可信、可敬。

"个人的幸福"与"鼠疫的抽象概念"的斗争。记者朗贝尔因工作原因被迫滞留城市中，最初他对奥兰小城怀有一种强烈的疏离感、隔膜感，出于对女友的眷恋，他曾经急切地希望离开这个闭锁的城市。善解人意的里厄医生并不阻挠朗贝尔离开奥兰，他认为朗贝尔选择离开是"选择了幸福"，但出于疫情防控的需要，坚持不为其开具证明。而朗贝尔在费尽心力、试图通过非法渠道离开的机会终于到来时，他选择了放弃，他要留下来与卫生防疫志愿者们共同战斗。在他看来，在鼠疫肆虐的时候离开，这种"独自一人的幸福，就是可耻的行为"②。在这场对抗鼠疫的斗争中，朗贝尔的疏离、隔膜感逐渐消失，自觉地融入到与鼠疫进行抗争的队伍中，在他看来，在威胁人类的灾难被消除之前，所谓个人的幸福是不存在的。加缪为我们描绘了一个异乡人的真实的性格发展轨迹。

宗教说教与现实抗争的冲突。帕纳卢神甫一度坚定捍卫严格的天主教教义，他在第一次布道演讲中称鼠疫是缘于天意的灾难，这场灾难具

---

① [法]阿尔贝·加缪. 局外人/鼠疫[M]. 徐和瑾，译. 北京：人民文学出版社，2011：194.
② [法]阿尔贝·加缪. 局外人/鼠疫[M]. 徐和瑾，译. 北京：人民文学出版社，2011：256.

有惩罚性，号召人们"尽管感到这些天的恐惧，听到垂死者的号叫，仍然向上天倾诉教徒的心声和爱慕之情。其余的事，天主自会安排"①。这是公开宣扬宗教愚昧主义，倡导人们听任疫情的摆布，继续匍匐在天主的脚下。但在残酷肆虐的疫情面前，在里厄医生等人的精神感召下，帕纳卢神甫最终加入到志愿者组织的卫生防疫队伍中来，而且置身于危险的第一线工作，始终"没有离开过医院和鼠疫流行的地方"②。而在第二次演讲时，面对广大教众，帕纳卢神甫不再称"你们"，而是"我们"，这绝不止是一个称谓的简单变化，他进而提出面对鼠疫，人们需要做的不是屈膝投降，而应该开始在黑暗中摸索前进，表明他与那个高高在上、俯视众生的拯救者姿态决裂，而成为一个勇敢地与民众携手抗争厄运的救赎者。

灾难中的爱情向往和追求。被称为"不爱抛头露面的微不足道的英雄"③的政府职员格朗生性严谨、循规蹈矩，职业前景暗淡，由于贫穷、忙碌，长期闭锁心灵，最终妻子选择了离开。面对鼠疫的肆虐，他的态度坚决而果敢，把组建卫生防疫组织看作是理所当然的事情："发生鼠疫，就必须自卫，这是明摆着的事"④。由于市政府公务人员减少，他在处理繁重的行政事务的同时，又要进行大量繁琐、细致的卫生防疫统计工作。拙于表达的格朗长期压制着内心对幸福的渴求，最终他在街

---

① ［法］阿尔贝·加缪. 局外人/鼠疫［M］. 徐和瑾，译. 北京：人民文学出版社，2011：69.
② ［法］阿尔贝·加缪. 局外人/鼠疫［M］. 徐和瑾，译. 北京：人民文学出版社，2011：266.
③ ［法］阿尔贝·加缪. 局外人/鼠疫［M］. 徐和瑾，译. 北京：人民文学出版社，2011：199.
④ ［法］阿尔贝·加缪. 局外人/鼠疫［M］. 徐和瑾，译. 北京：人民文学出版社，2011：196.

头的橱窗前回忆与妻子曾经的温馨时刻泪流满面的一幕,流露出他内心对妻子的无限眷恋。作者着意塑造了一个最不容易动情的公务员对爱情的渴求和梦想,在鼠疫的疯狂肆虐下,在晦暗惨淡的现实生活面前,依然感悟到人们在内心深处对爱的渴求和坚守,这无疑是生命的希望。

四、里厄医生:医者职业精神的典范

在捍卫人类生命的集体英雄群像中,里厄医生是作者刻意塑造的奥兰城中抗击鼠疫疫情的最坚定的领导者、指挥者、实践者,还是一位冷静、客观的叙述者,一个作者倍加推崇的英雄,一个富于牺牲精神的职业典范。在鼠疫侵袭之前,里厄医生始终秉持医学人道主义的宗旨,他专注于本职工作,医技精湛,无论贫富患者都积极施治,在城市的各个街区四处奔走,深得市民爱戴,人们由衷地把他视作救星;但是由于鼠疫的突然降临,里厄医生与患者之间的关系发生了明显的改变。鼠疫来临后,里厄医生每次出现在鼠疫病人面前都得带上几名士兵,用枪托敲门,病人家属才不情愿地打开大门。而病人一旦被诊断出患瘟疫的高烧症状,就必须把病人迅速送走隔离,此时的病人家属知道即将与病人永别,不管病人可能痊愈还是死去,很多家属甘愿冒鼠疫感染的威胁也不愿跟患病的亲人分开,往往表现出强烈的排斥、抵触心理甚至是抗拒的行动,以致不得不出动警察、军队把病人"抢走"。里厄医生基于防控公共疫情的需要,始终坦然地面对着病人家属的仇恨。

作为一名医生,里厄医生是一个无神论者,并不认同帕纳卢神甫集体惩罚的观念。在他看来,如果天主无所不能,自己就不用再去给人治病,而是让天主去治病。加缪通过里厄医生的坚定话语表达自己的心

声:"我认为自己对当英雄和圣人都没有兴趣。我所感兴趣的是做一个人。"①而且他非常清醒地意识到在人类与疾病的斗争历程中,人类的胜利永远是暂时的,而这场鼠疫对于他来说意味着接连不断的失败②。尽管明知是一场不断地与失败进行的抗争,但里厄医生依然奔波忙碌,每天工作二十小时,他坚信,"看到瘟疫给人们带来的苦难和痛苦,只有疯子、瞎子或懦夫才会对瘟疫逆来顺受"③。他始终关注人类的健康,恪守医者的职业操守,坚持维护人类生命和健康的职责,真正体现了不为名利、甘于牺牲自我的高尚情怀。作者借里厄医生之口揭示了医生最终的职业注脚,那就是"尽管有个人的痛苦,也要反抗恐怖的灾难及其不断惩凶的武器,而人们不能成为圣人,也不能容忍灾祸横行,就努力当好医生"。④小说塑造医生职业群体的典范并不止里厄医生一人,医生老卡斯泰尔满怀信心,全身心投入到就地取材生产血清的工作,因为用危害本市的细菌培养液生产的血清疗效比外面运来的血清更有针对性。在疫情稳定的时期,奥兰城医师工会主席里夏尔大夫被鼠疫无情地夺去了生命。在鼠疫肆虐期间,里厄医生唯一的安宁和友谊的幸福时刻显得非常短暂,那时是他与塔鲁忙里偷闲的一次海水浴,只见大海如黑丝绒般厚实,跟兽毛一样柔软、光滑。海水涨起后又慢慢退下,大海的平静呼吸,使海面油亮的波光时现时隐。在他们前面,黑夜无边无际,里厄

---

① [法]奥利维耶·托德. 加缪传 [M]. 黄晞云,何力,龚觅,译. 北京:商务印书馆, 2010: 343.
② [法]奥利维耶·托德. 加缪传 [M]. 黄晞云,何力,龚觅,译. 北京:商务印书馆, 2010: 191.
③ [法]奥利维耶·托德. 加缪传 [M]. 黄晞云,何力,龚觅,译. 北京:商务印书馆, 2010: 189.
④ [法]奥利维耶·托德. 加缪传 [M]. 黄晞云,何力,龚觅,译. 北京:商务印书馆, 2010: 339.

感到，手指下的岩石凹凸不平，心里充满奇特的幸福感。整部小说始终笼罩在令人窒息的死亡阴影中，这是唯一的一次生命亮色的点染。

在经过了冬天的煎熬后，因鼠疫死亡的人数逐渐开始下降，鼠疫像来时突兀地降临一样，最终突兀地、神秘地离去了。人们在共同经历过挥之不去的恐惧，共同承受了流放和分离所带来的刻骨铭心的痛苦后，终于迎来了大团圆的日子。在次年2月份的一个早晨，政府宣布解除禁闭，盛大的欢庆活动接连举行，人们在广场上尽情舞蹈。但是里厄医生却面临更大的痛苦打击，在疫情退却后的第二天早上，里厄医生接到电报：妻子在一周前去世了。他在鼠疫肆虐期间同市民一样，默默承受着与家人分离的痛苦，在病魔肆虐的威胁面前，坚持从事大量艰难繁琐的鼠疫防控、治疗工作，面对病患家属的排斥、抵触甚至仇恨，他不曾有丝毫的犹豫、动摇和懈怠，始终坚守在抗击疫情的第一线。里厄医生无法与公众分享鼠疫退却的欢乐，甚至也无暇沉浸在妻子无助的死亡带来的自责和痛苦中，而是把巨大的悲痛隐忍内心，继续为救治病患而奔忙，因为"病人没有休假"。在这场人类与鼠疫的抗争中，里厄医生清醒地意识到，人类远远没有迎来欢庆胜利的时刻："鼠疫杆菌永远不会死亡也不会消失，它们能在家具和内衣里休眠几十年，它们在房间、地窖、手帕和废纸里耐心等待，也许会有那么一天，为了给人类带来灾难并教训人们，鼠疫会再次唤醒老鼠，并让它们死于一座幸福的城市"①。

作为反衬，加缪在小说中特别塑造了一个与众不同、始终保持着神秘色彩的反面人物科塔尔。科塔尔是一个有前科的、列入警察部门秘密调查的对象，他生性多疑、行踪诡异，曾经因恐惧畏罪自杀。在自私心

---

① [法]阿尔贝·加缪. 局外人/鼠疫[M]. 徐和瑾，译. 北京：人民文学出版社，2011：339.

理驱使下，科塔尔拒绝加入卫生防疫组织，却乐于接近卫生防疫组织的核心成员，"他情愿跟大家一起被围困，而不愿独自当囚犯"①，他喜欢那种由于鼠疫流行，能够暂时远离秘密调查、密令和立即逮捕所带来的"安全感"。当奥兰市民在鼠疫肆虐的淫威中苦苦挣扎时，他却一人自得其乐地"享受"着鼠疫的围困。科塔尔在鼠疫肆虐期间囤积居奇、疯狂敛财，竭力和邻居好友们和睦相处，在鼠疫结束后突然过起离群索居的生活。在得知相关部门欲追究其前期行为的法律责任时，极度失望、沮丧的科塔尔丧心病狂地射杀无辜，其贪婪、冷酷、自私的本性暴露无遗。

五、永无休止的战争：人类与疾病、灾难、痛苦的抗争

作为一位伟大的人道主义者，加缪在《鼠疫》中用虚构手法把人类设置到疾病、痛苦和灾难的极端情境中，通过里厄医生和奥兰市民应对鼠疫过程中共同经历的巨大精神痛苦，以及携手防控疫情、开展集体抗争的生动展现，体现了加缪历来对人类生存状况高度的、真诚的关注姿态。加缪在这种极端困境的描摹中，使后人了解这些人曾经受到不公正的待遇和暴行，其目的是为了如实"告诉人们在这场灾难中学到的东西，那就是在人的身上，值得称赞的优点总是多于应该蔑视的缺点"②。这显然不同于那个在《局外人》中时时处处置身事外的默尔索先生的冷漠姿态，《鼠疫》给我们提供了一份苦难的参照，一种基于荒诞的人世生存的真实，一个体现出人之伟大的反抗的姿态③。

---

① [法]阿尔贝·加缪. 局外人/鼠疫[M]. 徐和瑾，译. 北京：人民文学出版社，2011：245.
② [法]阿尔贝·加缪. 局外人/鼠疫[M]. 徐和瑾，译. 北京：人民文学出版社，2011：339.
③ 王洪琛. 加缪的思想世界[M]. 桂林：广西师范大学出版社，2011：103.

从象征意喻来说，尽管加缪从来不以哲学家自居，始终拒绝别人为他贴上存在主义哲学家的标签，但是文学界对于荒谬问题的研究成果以荒谬小说为最，而《鼠疫》被视作存在主义哲学的形象化代表。加缪善于以"独特的方式将他的艺术、生命和道德融为一体"①，通过对在极端的困境中人物内心世界的矛盾与冲突的临摹、刻画，巧妙地借助特殊情境下人们的生存理念、行为方式的选择来彰显作者对人类自身命运的关注，不着痕迹地揭示作者对于人类社会生存道德的诉求；从写作语言的角度来看，加缪不寻求同时使用哲学语言和日常语言的特权，对他的作品要求人们从最基本的意义上去理解，那就是他在内心深处对人类的真挚的同情和关爱，始终对人类抱有的希望和信心。因此，加缪关于"作品是一种经常意在言外的哲学终点，是这种哲学的图解和完成"②，他的创作主张在这部小说中得到了恰切的实现。

加缪作为荒谬哲学思想的代表，不仅把人类生存状态诉诸笔端，更为可贵的是对人类摆脱荒谬困境进行积极的探索，正是在与突如其来的灾难进行抗争中彰显出人类的理性、善良、勇敢，借助对荒谬的反抗使人类的生存呈现出真实的厚重感和价值感，才是面对人世间一切痛苦、疾病和灾难，"捍卫真理、自由和平等以及人类生命存在的尊严和价值"③ 的最有力的武器，从某种角度来说，这就是疾病、灾难所包含的人文价值意蕴所在。

---

① [法] 奥利维耶·托德. 加缪传 [M]. 黄晞云，何力，龚觅，译. 北京：商务印书馆，2010：790.
② [法] 加缪. 西西弗神话. 加缪全集（第3卷）[M]. 石家庄：河北教育出版社，2002：126.
③ 李元. 加缪的新人本主义哲学 [M]. 上海：上海社会科学院出版社，2007：117.

医患关系视域的《癌症楼》

《癌症楼》是苏联著名的持不同政见者索尔仁尼琴的重要作品，这部作品为他赢得了巨大的国际声誉。索尔仁尼琴凭借着敏锐的观察力以及超强的记忆力，深入细致地描述了饱受疾病折磨的病患，让读者能够清晰地感知到癌症病患苦苦挣扎的生命状态外，其中蕴含着顽强不屈的生命意志，更激发了人类内心深深的悲悯与良知。小说里描绘的医务人员群体一方面执着地艰难探索着医学发展的路径，另一方面竭力摆脱严苛的政治氛围桎梏，努力为患者提供一方生命的庇护所。小说中所传递的人道主义情怀，至今依然闪烁着特殊的光芒。

《癌症楼》是苏联著名的持不同政见者索尔仁尼琴的重要作品，写作历时漫长而艰苦，在小说主人公的身上有着作者本人浓厚的个人印痕，一些研究者据此把它视作是作者的自传。就索尔仁尼琴本人来说，他自己几次身患癌症，仍然执着于对那些长期在苏联社会桎梏的阴影下艰难抗争的弱势人群命运的关注和思考，不仅用巨大的勇气与疾病进行抗争，也与集权社会的专制制度进行了不屈的抗争。正如普京所说："这个人与人民一起经历了巨大的悲剧并且遭受过迫害，他用自己的人生和创作给社会种下的疫苗,能抵御任何类型的暴政。"① 可以说,索尔仁尼琴不仅书写了医学史的奇迹,而且也在世界文学史上书写了奇迹,这部作品为索尔仁尼琴赢得了巨大的国际声誉。

一、关于癌症的社会隐喻

人类的历史就是与疾病不断抗争的历史。蒙田曾经说,疾病是人生的课堂。疾病对个体而言,意味着生命的痛苦磨砺,无论是疾病给病患带来的挫折感、身体组织器官功能的缺失感,还是疾病治疗过程中经历的阶段性成功、失败甚至最终生命的毁灭、消逝,会极大地强化人类自身的挫败感、对生命的虚无感,造成生命、健康、财产权益的损失乃至精神的巨大创痛,但也有可能激发人类不屈不挠的坚毅品格,帮助人们培养坚韧顽强的斗志,树立必胜的信念等人性的力量。因此,疾病具有特殊的价值,而价值是人类生存的基本特征,也是社会文化的精髓。尼采曾经指出:"评价,然后有价值;没有评价,生存之核桃只是一个空壳。"② 如果人类缺乏对各种痛入骨髓的人生体验的深入批判、思考,那么,生命的存在只具有生物学意义,因为社会价值的缺失而变得空洞。

不论是在西方国家还是在中国,人们因对疾病的恐惧和联想所塑造的隐喻俯拾皆是。所谓疾病隐喻,就是采用隐喻的方式阐释疾病,使之成为某种社会共同想象的意象,"隐喻的审美功能和认知功能以及写作策略都不应是读者停留在对疾病形态的恐惧上,而是激起对病因、病源

---

① [俄] 柳·萨拉斯金娜. 索尔仁尼琴传 [M]. 任光宣, 译. 北京: 人民文学出版社. 2103.12.

② [美] 苏珊·桑塔格著: 疾病的隐喻 [M]. 程巍, 译. 上海: 上海译文出版社. 2003 (12): 80.

的思考"①。"癌症",这种在20世纪人人闻之色变的疾病,苏珊·桑塔格在《隐喻的疾病》中指出,"(癌症)作为生理学层面的疾病,它确定是一个自然事件,但在文化层面,它又从来都是负载着价值判断",她认为,在人们谈癌色变的一般社会心理反应中,"我们对于癌的看法以及我们加诸癌的隐喻,不过反映我们对死亡的隐喻态度,反映我们有关情感的焦虑,反映了我们对历史进程与日俱增的暴力倾向并非无根据的恐惧"②。

随着医学人类学的形成与发展,人们慢慢地意识到疾病的文化隐喻和社会符号象征,此后逐渐开始了对疾病的文化隐喻与表征的研究,旨在揭示在人类疾病的背后所蕴含的文化隐喻,与社会变迁、发展的过程、历史结构、阶级分层、文化形态等息息相关。查尔斯·E·罗森堡著书中写道:"一些人对癌症意义的理解,往往超越了它的病理机制和医学最终治愈它的能力。对这部分人来说,癌症可能与资本主义的罪恶有关,也可能是某些科技滥觞惹的祸,还可能与个人的郁郁不得志相关联。我们生活的社会是复杂而多元的,人们对待疾病的态度和处理方式也各不相同"③。如果说前半部分话语表明作者存在把生理学、病理学意义上的癌症意识形态标签化的趋向,把癌症与某种特殊的政治制度关联缺乏必然理性的逻辑推演,但不能由此忽略作者准确地把握住了疾病所折射出的社会生活影响。我国学者张玉龙曾说,"疾病的本质远远超越了其单纯的生理层面的具象意义……没有人能够躲得过疾病的侵袭,

---

① 冯玉芝.《癌症楼》的文本文化研究 [M]. 北京:中国社会科学出版社. 2014 (8): 1.
② [美] 苏珊·桑塔格. 疾病的隐喻 [M]. 程巍,译. 上海:上海译文出版社. 2003 (12): 22-77.
③ 张玉龙. 疾病的价值 [M]. 桂林:广西师范大学出版社. 2014: 46.

这就导致越来越多的社会文化、道德、政治意义被附着其上"①。疾病隐喻以一种特殊的隐形方式表达道德情感和态度，并作出道德的评价，显示出个体与社会之间一种深刻的失调，它和人性的异化以及个体的苦难、悲怆联系在一起，最终指向源自社会的压抑、焦虑、偏执，从而使人们对社会制度规范、管控法则体系中人性的缺失、腐败的孕育以及不公正的制度漏洞等一系列揭露与指控愈发深刻而真实。

索尔仁尼琴在《癌症楼》中，通过对在癌症楼接受治疗的不同癌症患者命运的剖析，对疾病进行伦理价值层面的解读，蕴含着深刻的社会隐喻，从而激发人类对个人命运、自由和自身解放，乃至生命的终极意义进行叩问，对人类的生存状态与命运进行更全方位的深层思考、关照。人作为高度社会化的个体，疾病的起因、发展、治疗与人类生存的高度社会化、人工化的环境有着千丝万缕的联系。当疾病逐渐演变成一把衡量人类社会类别属性的标尺，而疾病自身不仅被看成是个体生命的痛苦体验，而且通过文学及用作修辞手法或隐喻，通过象征化、隐喻化手法揭示疾病的本质，远远超过了其单纯生理层面的具象意义。索尔仁尼琴的可贵之处在于，并不局限于疾病对于患者个体遭受身心摧残的体验性描述，而是借此展开对社会现实的批判、反思。在这部作品中，通过在癌症楼接受治疗的患者及相关医护人员的描摹，折射出苏联专制体制下，人们不仅面临着物质生活的严重匮乏、短缺，而且在令人窒息的政治高压下，人们的精神状态长期处于极度苦闷、压抑的状态，思想的钳制、精神的禁锢如同巨大的隐形锁链，无处不在，形成了对人性的巨大摧残。作者在极端体制的政治高压下，借由对一个特殊的罹患癌症病

---

① 张玉龙. 疾病的价值[M]. 桂林：广西师范大学出版社. 2014：46.

患群体的可悲状况进行描述，有着对人生、对社会层面的深入洞察和思考，无疑大大增加了作品的思想深度和文化辐射的广度，具有极强的历史厚重感。

二、《癌症楼》塑造的患者群体

有人曾经说，索尔仁尼琴的书是没有主人公的小说，这多半与索氏的作品多为恢弘巨作、人物庞杂的写作特点有关，"每一个人遇到与自己有关的事情时便成了主角"。《癌症楼》的每一位人物都直接或间接地与疾病相关，索尔仁尼琴是一位尊重人性并且按照现实社会的本来面目进行文学创作的现实主义作家，他把发生在现实生活中的真实事件进行文学性的还原、呈现，让人们能够了解和关切社会弱势的癌症患者群体、底层人物的命运。《癌症楼》全书共36章，每一章内容环环相扣、首尾相连。小说通篇没有大悬念，朴实的文字风格以预示和暗示的潜在叙述为线索，追述关键性人物的陈年旧事，对关键人物的身世经历的描述让小说始终保持了叙事的完整性和连续性。

癌症病人集中居住在第13号楼，而在西方国家，13这个数字历来被视作一个不祥的数字。住院的病人来自社会的不同阶层、不同民族，有着迥异的身世背景，因为癌症，这个通常很容易激发人们的恐惧、恐怖意象联想的疾病，最终会聚到癌症楼，小小的病房就成为苏联社会的缩影。小说通过医务人员和病人的种种经历、遭遇，描绘出20世纪40年代苏联社会生活的一幅沉闷、阴郁的悲剧图景。从患者角度来说，尽管患者对于进入癌症楼本身的不详意味有着很多猜测、预感，很多在癌症楼接受治疗的患者不仅对自己的病情、诊断、治疗不甚清楚，不得不为争取散步的权利而进行斗争，携带的私人物品随时面临查铺被没收的危险,甚至于被医院方面告诫,患者相互之间不要谈论自己的疾病!在癌症楼里,接受治疗的患者不仅丧失了作为患者的知情权,也意味着自身自由、尊严的全面丧失。

作者书中着力最多的人物,就是很多研究者分析以作者为原型塑造的科斯托格洛托夫。科斯托格洛托夫曾是一名勇敢的战士,曾经为了国家在战场上浴血奋战,仅仅因为思想跨越了当局者设计的精神藩篱,付出了极为惨重的代价。他被打上政治异类的标签,长期游走在社会的边缘,在社会最底层苦苦挣扎,不得不在劳改营中干最苦、最脏、最累的活计。科斯托格洛托夫尽管没有入学深造的可能,但他是善于在社会的熔炉中,从生活的点点滴滴、从日常所接触的各类人群学习,无论是部队中的军官、普通士兵,还是在人满为患的监狱中的大学教授、副博士和其他有学问的人,他都可以找到让自己受益的良师。从表面上看,科斯托格洛托夫语言粗鲁、老于世故、桀骜难驯,在内心他却是一个本性质朴、善良的人,在回到流放地的火车站上,主动、有效地帮助列车员维持秩序;在他的一生中,尽管饱尝饥寒窘困的困扰,饱受病痛的折磨,在自身的命运朝不保夕情况下,始终怀有对生活的热切向往。

在政治体系的酷烈斗争中被剥夺了基本的人权,即便是罹患了癌症、接受医方的实验治疗的患者,也是对自己的病情诊断结果、诊疗方案可能蕴含的风险以及愈后情况一无所知的背景下进行的。科斯托格洛托夫是一个善于思考的人,不甘心接受命运的愚弄和摆布,按他所说:"我一生的特点就是不喜欢当长尾猴子给人做试验"①,他千方百计获取医学教科书,试图弄明白自己的疾病;他锐利机敏、善于观察,与一切

---

① [俄罗斯]亚历山大·索尔仁尼琴. 癌症楼 [M]. 姜明河,译. 南京:译林出版社,2013 (2):31.

可能为他提供帮助的医护人员主动交流，期望进一步了解医方诊疗方案以及对自己可能产生的不利后果。他坚信自己有权支配自己的生命，对院方安排的输血大胆提出抗拒："为什么你们总是认为自己有权力代替别人做出决定？要知道，这可是一种可怕的权力啊，很少导致好的结果。……即使是医生也没有这个权力"[1]。在他看来，医生们不做任何必要解释的背景下就开展治疗，无异于把人等同于猴子那样的动物，这是不能接受的。因此在接受 X 射线疗法，病情有所好转后，科斯托格洛托夫发现医院继续为他安排的激素疗法有可能造成男性功能影响，坚决拒绝继续治疗而要求出院。在小说的第六章，他和主治医生东佐娃展开了激烈的争论，他指责东佐娃医生"您一开始就基于错误的论点：既然病人进了你们的医院，下一步就是你们代他考虑。由你们的指示，由你们的碰头会，方针、计划以及你们医院的名誉代他作主。就这样，我就是一粒沙子，同在营里一样，我又无法掌握自己的命运"[2]。我们不能简单地归罪于医务人员的疏漏，在高度封闭的集权社会中，连公民的生命权这样的基本权利都难以得到保障，就遑论患者个体的知情同意权、自主权了。医院多数医务人员表现出一种高度的勤谨、敬业姿态，不断孜孜不倦地渴求医技精进，但由于患者作为人、作为病人的基本权益被忽略，当然很难赢得患者发自内心的敬仰和尊重，书中借科斯托格洛托夫的口中这样描述医患关系："要知道，对我们病人来说，医生好

---

[1] ［俄罗斯］亚历山大·索尔仁尼琴. 癌症楼 [M]. 姜明河, 译. 南京：译林出版社, 2013（2）：74.
[2] ［俄罗斯］亚历山大·索尔仁尼琴. 癌症楼 [M]. 姜明河, 译. 南京：译林出版社, 2013（2）：71.

比摆渡人：用着的时候才找他，过后也就被忘了。"① 在医患之间缺乏有效沟通的境况下，单方面听凭医生进行家长式的全权做主，病患根本无从保障自己的权益，这种医患关系的异化不得不到社会层面寻找根源。

第三十五章《创世的第一天》是小说中极为重要的章节。科斯托格洛托夫在治疗告一段落得以走出癌症楼后，对他而言，玫瑰色的清晨，老城、街景、行人、阳光特别是杏花绽放的细节描述，一切都孕育着生命的希望。在经历苦不堪言的流放、战争、劳改营、癌症病痛的种种磨砺之后，科斯托格洛托夫奄奄一息的生命力得以慢慢复苏。街边小贩的羊肉串令他垂涎，却发现口袋里的卢布少得可怜，在踌躇多时、几经挣扎后才决定购买。但这时他突然意外地发现羊肉串已经被一群司机悉数买下，在与司机们协商后，他最终获得了一串有五块半的羊肉串。这里作者用大量的文字篇幅进行描述，科斯托格洛托夫细细观察手中的羊肉串，恰到好处的火候滋滋作响，鲜嫩的肉汁，在口中细细咀嚼，很长时间不忍吞咽下腹的细节描述，在短短的瞬间得到极大的满足感。在他人看来，一串羊肉串可以说是司空见惯，甚至可能不屑一顾，但就是羊肉串使科斯托格洛托夫瞬间获得了强烈的心理满足。一串烤肉串不仅成就了科斯托格洛托夫人生最大的幸福感，也体现了索尔仁尼琴对生命的尊严和自由的张扬与维护。

在老城百货大楼里，偶然听到一位生活境况优裕的男子随口说出的衬衫领口号码时，科斯托格洛托夫如梦初醒，才知道人与人之间竟然有着这样的差别。当他已经习惯于在他人的呵斥、训诫中卑微活下来，才

---

① ［俄罗斯］亚历山大·索尔仁尼琴. 癌症楼［M］. 姜明河，译. 南京：译林出版社，2013（2）：131.

突然发现还有一些人在享受着与他完全不同的精致、典雅的生活品质。这无疑是一种巨大的悲哀，一个聪明、勤谨、能干、不失善良本性，甘愿为自己的祖国付出生命的人，因为种种无端的罪名饱尝屈辱，被癌症病痛折磨得苟延残喘，生命显得如此艰难、卑微。在这个国家，导致人生命运如此悬殊的原因，并非个人禀赋的差异抑或是后天的勤奋与努力不够，而仅仅因为他不愿意屈从于极端体制的思想禁锢而已。即便是面临癌症的厄运折磨下，没有亲人的探视问候，他在毫不知情的情况下，被迫接受医方实验性的激素治疗。科斯托格洛托夫的人生无疑是悲剧性的，而一旦人们发出酿成他人生悲剧的追问时，必然探及这个国家人性之恶与社会制度之恶的交错混杂，决定了在集权体制的重压下艰难生存、面对疾病无力抗争的弱势人群的群体性悲剧。

在疾病面前，没有任何人能够享有生存的特权。小说中塑造了以帕维尔·尼古拉耶维奇·鲁萨诺夫为代表、靠着诬告起家的卑劣官员，通过无中生有的猜测、捕风捉影的推断、难见天日的揭秘告发等为人不齿的手段得以步步擢升，他迷恋特权、千方百计攫取特权、绞尽脑汁享受特权，四处沾沾自喜地炫耀生活的富足。甚至在罹患癌症后，他常常为不得不住进普通病房、为医生查房时没有把他列为第一位患者，甚至为在病房中有时不是第一个拿到报纸等琐屑小事而耿耿于怀，其实在他的内心依然沿袭了利用特权、捞取特权乃至获得死亡豁免权的幻想。鲁萨诺夫夫妇一步步沉迷于特权利益的追逐与享受，在各种场合不断露骨地表白如何忠诚于国家、热爱伟大的人民，并时时刻刻愿意为伟大的人民服务，甚至准备为人民而贡献出自己的生命。但是看似冠冕堂皇的口号，却无法掩盖在日常生活中暴露出来的自私与贪婪，对待普通公民怀有强烈的疏离、排斥甚至鄙视。在他们看来，那些穿着羊皮袄、带着提桶、背着麻袋的居民越来越无法忍受；他们对有轨电车、无轨电车、公共汽车表现出特别的反感，只因为车上少不了衣着肮脏的建筑工人的你推我搡；他们对普通公民充满厌憎、鄙视，改坐包间软席车厢，住旅馆提前订好单间，免得跟别的旅客住在一起；哪怕是在公家的小卧车出车或修理的时候，鲁萨诺夫也不愿放弃享受特权的机会，宁愿连续几个小时不回家吃饭，枯坐在办公室里等着派车。在选疗养地的时候，鲁萨诺夫夫妇要特别选择那些服务周到、环境优越的地方，因为"那里的浴场和供漫步的林荫小路得跟普通百姓隔开"。这是他们长期脱离群众，惯于追逐特权、享受特权、悉心维护特权的真实写照，集权专制下培育的既得利益者言行不一的巨大反差、扭曲虚伪的灵魂在读者面前暴露无遗，而治疗的特权并不能换来延续生命的特权。

与鲁萨诺夫夫妇贪婪、自保形成鲜明对比的，则是普通病患身上所闪现出的人性的光辉，16岁的焦姆卡除了睡眠、治疗时间外，一心向学，始终怀有强烈的求学欲望；年迈的沙拉夫西布加托夫尽管病情笃重，从来对人谦和、友善；青年瓦季姆在面对病魔的困扰时，并没有沉迷对疾病的抱怨，对患病的现实从未自怨自艾，而是格外珍视为时不多的时光，仍然希望能够对社会有所奉献。在当时苏联高度集权的社会氛围中，他渴望探寻思想的自由，摆脱无所不在的思想禁锢，对那种通过医院高分贝的大喇叭不断传播、输送统一思想的现象深恶痛绝，"它只会鼓励思想上的懒惰，这喇叭不停地絮叨以及穿插播送那些并非你要了解的新闻和非你要欣赏的音乐，无异于盗窃时间和空耗精神，而对那些思想上的懒汉来说是很方便的，对那些肯于发挥主观能动性的人来说则是无法容忍的"①。面对疾病的折磨，瓦季姆坦然而坚强，他果断排除任何不切实际的延长生命的幻想，不去幻想癌症痊愈，哪怕在深夜里也不允许自己在这毫无意义的念头上浪费时间，而是继续咬紧牙关、努力工作，竭力在自己身后给人们留下新的找矿方法，以此来补偿自己因病早逝的遗憾。正是在与疾病艰难抗争的过程中，他体验到"最充实、最丰满和最和谐的感觉，莫过于时间过得有益这样一种感觉"②。他试图利用生命中最后的有限时光，竭尽自己的智慧、能力为社会做出一份贡献。

三、《癌症楼》内外的医护群体形象

从医患关系的视角来解读，首先可以关注到集权体制下医疗体制的运转具有强烈的政治色彩，医生的诊疗行为具有高度的政治风险。小说并没有直接叙述，而是巧妙地通过列夫·列昂尼夫多维奇医生参加审判会后的讲述，对事件进行还原。一个医生给一个男孩进行肠套结梗阻手术，尽管诊疗过程中医生并无过失，却出现了手术后因局部梗阻孩子意外死亡，这名医生此后在接受调查的八个月时间里，在调查人员的严密监控之下进行手术。不仅如此，由于手术后意外死亡的发生，这名医生此后又面临着四百人参加的"同志式"审判大会，审判会主办方让孩子的母亲作证，以"连被子都盖得歪斜"等作为证词对医生进行指控。一个本来应该从医学层面进行深入分析的医疗意外病例，被从政治层面过分解读，被人为提升到政治高度，使医生不仅面临着患者家属的误

---

① [俄罗斯]亚历山大·索尔仁尼琴. 癌症楼 [M]. 姜明河, 译. 南京：译林出版社, 2013 (2)：230.
② [俄罗斯]亚历山大·索尔仁尼琴. 癌症楼 [M]. 姜明河, 译. 南京：译林出版社, 2013 (2)：230.

解、不信任、猜疑，进而在当局的高压手段下迫使医务人员卷入政治斗争的漩涡中。正如参加审判会的列夫·列昂尼多维奇所说："这是把我们自己往沼泽里拖，今天你倒霉，明天也许就轮到我！"① 在这样的境况下，不仅从医者的职业价值和信念难以实现，而且医生丧失了职业尊严感，得不到起码的尊重和信任，陷入战战兢兢、人人自危的境地。但是极具讽刺意味的是，医院行政部门官僚管理效能低下，东佐娃甚至不得不要求放射科全体工作人员每人从家里带来一块抹布来解决清洁问题。而身在集中营的一位乌克兰医生，已经为患者做好了术前的一切准备工作，却在自己毫不知情、也无从告知患者的情况下在手术前夜被突然押走；而此后接任的一位日耳曼医生也迅速被放逐，甚至不让他给病人做最后一次巡诊。在医务人员自身的人身安全、政治权益、生命权益保障缺失的情况下，将怎么样承担治病救人的重任呢？

尽管受制于社会的高压与管控，但医生的勤谨、对患者的关爱，并不因此医疗条件的恶劣而稍有疏忽，往往在诊疗活动的细节中得以充分的展现。在小说第三章"小蜜蜂"中，描写了刚刚进入医疗领域的护士卓雅，勤奋上进，利用值班的间隙努力攻读医学专业书籍，当读者看到"谁要是不干活，你拿他也毫无办法；谁要是肯干，那就得一个顶俩"② 的描述时不由会心一笑，这也许是我们在现实职业生活中再熟悉不过的情景再现。主治医生薇拉·科尔尼利耶夫娜对医疗工作倾注了大量的感情和心力，她并非按部就班地跟随医疗流程完成任务，而是不断地给病人带来慰藉的语言和目光，病人因此对她满怀期待与信任。当她

---

① [俄罗斯] 亚历山大·索尔仁尼琴. 癌症楼 [M]. 姜明河, 译. 南京：译林出版社, 2013（2）：331.
② [俄罗斯] 亚历山大·索尔仁尼琴. 癌症楼 [M]. 姜明河, 译. 南京：译林出版社, 2013（2）：28.

不得不移交主治医生职责的时候,"她总是舍不得离开她尚未治愈的那些病人"①。医院条件极为简陋而恶劣,在癌症楼工作的医务人员查房时挤在床铺之间的狭窄通道中,尽量靠边走,互相让路、互相回顾。他们在诊疗工作中一丝不苟,围在每一张病人的床前,关切地了解每一位病人的痛苦、感受、既往病史、现在的病情、治疗进程等等。他们从不因患者的病情心生避讳、嫌恶之心,坐到病人的床沿上,必要的时候对某些病人还进一步要求露出患处,以便进行视诊和扣诊,在诊疗结束后不忘亲手给病人盖好被子。这样细致的诊疗细节描述,让人能够触摸到医者对患者深怀慈悲、怜悯的心态。即便是由于医学技术发展水平的滞后,医务人员不得不面临对一些患者的病情难以实施医疗救助的困局,即便是在这种看来令人十分沮丧的状况下,列夫·列昂尼夫多维奇医生"更为重视为病人打气,他甚至把打气看成这种巡诊的主要目的"②,他善于为处于各种状态的病人以精神鼓励,让病人内心始终保持一线希望。如果病人的情况还是老样子,他用发自内心地、用高兴的语气向病人求证:"您是真的觉得多少好些了吗?"尽管有时病人自己并没有觉察到,也会由此产生对医生强烈的信任心理。他并没有对患者刻意欺瞒病情,对患者的脊椎骨疼痛以继发现象加以解释,即便是对治疗毫无办法的病人进行交底,他也能够通过巧妙的、开诚布公的谈话让病人不陷入绝望中,能够依然保持着对生活的一丝信心。有时由于X光片清晰地显示患者肿瘤的大小和边缘,无法安排手术的情况下,他会大声地、赞许点头:"片子拍得非常好!非常好!在这种情况下就没有必要开刀

---

① [俄罗斯]亚历山大·索尔仁尼琴. 癌症楼 [M]. 姜明河,译. 南京:译林出版社,2013(2):40.
② [俄罗斯]亚历山大·索尔仁尼琴. 癌症楼 [M]. 姜明河,译. 南京:译林出版社,2013(2):325.

了!"而病人因他的谈话中得到了极大的精神鼓舞。他善于捕捉、关注细节,清醒地意识到医生任何不经意的表情都可能对病人产生影响,"他没有一次猛然转头,没有一次用惊慌的眼神看人,病人们从列夫·列昂尼多维奇那和善而又带点无聊的表情中看到,自己的病极其平常,都是早已知道的,没有一例属于疑难危重的"①。列夫·列昂尼多维奇善于借助语言安抚患者、鼓励患者,在病患的心头点燃希望,让患者对自己的病情、医方的治疗始终保持信心。

  在作者笔下,也真实描摹了在苏联集权体制下医生们的平凡生活。在医院中,他们或许是主宰病人命运的医生,在社会生活中不过是普通的公民,不得不面对职业、生活的层层重压。由于工作带来的巨大压力,柳米德拉·阿法纳西耶夫娜每天极度疲累地离开医院,回家途中萌生的第一个小小的希望,就是在登上公交车后能拥有一个座位。回到家中,她日复一日、年复一年地操持洗衣、做饭、购物等一系列繁重的家务劳动,而丈夫和儿子"认为这种周而复始、老是重复的工作毫无意义"②,从不愿意为她分担。由于物资供应的严重紧缺,她不得不多次倒换公交车到中心市场,并不得不在等候购物的长队中耗费大量的时间和精力,只为能够买到每人限量购买一公斤的火腿。这无疑是普通女性在职业和生活重压下艰难挣扎的真实写照。但是,家庭生活的重负并没有让她在医疗工作表现出任何懈怠,柳米德拉·阿法纳西耶夫娜对医疗工作始终保持着一份特别的严肃、勤谨,她潜心钻研、琢磨,力求在医技上不断精进,从而使患者真正受益。她在医疗工作中不断反思,消耗

---

① [俄罗斯] 亚历山大·索尔仁尼琴. 癌症楼 [M]. 姜明河,译. 南京:译林出版社,2013(2):326.
② [俄罗斯] 亚历山大·索尔仁尼琴. 癌症楼 [M]. 姜明河,译. 南京:译林出版社,2013(2):87.

了大量创造性的精力，却因为一些不完善的治疗措施，在急欲拯救病患生命时却无能为力，使她的内心陷入深切的自责、无奈与惋惜当中。在每一次主刀的过程中，她竭尽所能使手术做得精准、细腻，尽可能减少病人的创伤与痛苦。她在自己主刀之前的那些夜晚，哪怕是置身于电梯之中，半睡半醒的脑子里突然浮现出一个意想不到的新的方案，她就赶忙记下，在第二天早晨术前的最后时刻依然担着改变方案的巨大风险。正是这种全身心投入到诊疗工作中，时刻沉浸在对手术术式的反复揣摩、钻研中，从而使得她的治疗技能得以不断提升，使得手术成了她对患者施行的最大善行。

突如其来的疾病给人带来巨大的精神重创，并不因为病患的职业身份、社会阶层的差异而有所区别。放射科主任东佐娃一贯工作严谨、一丝不苟，由于工作中长期接触放射性物质，最终她不得不面对着自己也得了癌症的残酷现实。与疾病相处的最初阶段，她简直无法忍受，也曾感慨命运的作弄，一个对于一切继发现象、后果和并发症等情况一清二楚的肿瘤病医生，为什么偏偏成为肿瘤病的患者？但是她的老师奥列先科夫医生却认为"这没有什么不够公平的"，"相反，这从最高层次上说是公平合理的，害上自己专业范畴的病——这对医生来说是一次真正的考验"[1]。在他的行医生涯里，特别认同护士帕尼亚·费奥多罗娃常说的话，"我对病人怎么变得不体贴了？看来我自己又该去住一阵医院了"[2]。在他看来，东佐娃医生罹患癌症固然不幸，由此得到一个由观察疾病到体验疾病的特殊跨越，更有利于将来对患者的救治。在科斯托

---

[1] [俄罗斯] 亚历山大·索尔仁尼琴. 癌症楼 [M]. 姜明河, 译. 南京: 译林出版社, 2013（2）: 377.

[2] [俄罗斯] 亚历山大·索尔仁尼琴. 癌症楼 [M]. 姜明河, 译. 南京: 译林出版社, 2013（2）: 377.

格洛托夫与东佐娃争论"放射病"治疗权利的问题后,她的心被刺痛了,开始意识到作为医生的使命是治病救人,可自己钻研多年的 x 光疗法却为病人埋下隐患,这是她不能接受的,"她痛心地感到一种无法赎偿和不可挽回的罪过"。这是在了解医学技术局限性的情境下,一个医者发自内心的忏悔;而在面临医患角色颠覆的境况下,她从无可替代的命运主宰者变成迷茫无助的患者,女性的脆弱本性的显露,使东佐娃医生的形象更为质朴感人。患者对医务人员在治疗工作的全心倾注,由衷地表现出"普通老百姓对真正有学问的人和真正的良师益友所表达的那种钦佩和喜悦的心情"①。癌症楼中所描摹的医务人员的群体形象,是一个高度敬业、勇于探索的医疗群体,他们在政治高压下面临着苛酷的政治处境、简陋的工作条件、物质生活的困窘,不仅在极端体制的桎梏下彰显了人性的温暖,也在探索突破癌症治疗的医学技术局限性不断凸显的背景下,始终保持着对患者的高度人文关怀情愫,尤为难能可贵。

  小说中也描绘了未在癌症楼从事医疗工作的医务人员形象,最为突出的就是柳德米拉·阿法纳西耶娜的老师奥列先科夫医生和遭到永久流放的妇科医生尼古拉·伊万诺维奇。通过这两名公立医院体制外医生的境况,折射出在苏联集权体制下,既有对私人诊所医生进行各种打压、歧视、排挤,也有对普通医务工作人员无端遭到政治迫害,从而使对当时极端体制对人性的摧残与倾轧的控诉更具有说服力。

  奥列先科夫医生个体行医资质的合法化认定可谓历经坎坷。他医术

---

① [俄罗斯]亚历山大·索尔仁尼琴. 癌症楼 [M]. 姜明河,译. 南京:译林出版社,2013(2):45.

精湛、淡泊名利，在他看来，"学位丝毫不能保证日常治病所能取得的成就"①，他对于功勋科学家之类的称号非常不屑，认为"荣誉会妨碍医生治病，就像华丽的服装妨碍行动一样"②。为准确诊断疾病，他特别强调医生的奉献精神，认为那些"连手指伸进病人肛门检查都嫌脏的医生根本不配当医生"，对那些嫌恶病人不愿为患者查体、草率、盲目地开展诊治活动而导致病情延误的现象深恶痛绝。奥列先科夫医生坚持不放弃私人行医的权利，而这项职业却由于被当局视作所谓个人发财致富的来源，属于非劳动行业而面临着处处被禁、愈禁愈严的困境。奥列先科夫医生尽管早年参加过革命活动，尽管身为军医，他在战场上曾有过远远超过军医职责范围乃至扭转战局的勇武表现，却因为开设私人诊所遭到持续的迫害。后来由于治愈了当地政治高层领导要员的疾病，他的医术得到当地领导人认可和庇护后，私人诊所才得以生存下来，直到他65岁的时候，才终于能够"不受阻碍地过起自己认为一个医生应该过的那种正常生活。"③

身处流放地的妇科医生尼古拉·伊万诺维奇夫妇是科斯托格洛托夫的朋友，是饱受政治迫害的无辜受害者。在战争期间，由于恪守基督教信条的母亲收留了一名逃兵，而这名逃兵并未如实告知夫妇二人，后来他在被俘后被迫交代出曾经留宿的人家，夫妇二人由此获罪，被冠以"作为有意识破坏红军战斗力的祖国公敌"的罪名判刑十年；在刑期结

---

① [俄罗斯] 亚历山大·索尔仁尼琴. 癌症楼 [M]. 姜明河, 译. 南京：译林出版社, 2013（2）：375.

② [俄罗斯] 亚历山大·索尔仁尼琴. 癌症楼 [M]. 姜明河, 译. 南京：译林出版社, 2013（2）：375.

③ [俄罗斯] 亚历山大·索尔仁尼琴. 癌症楼 [M]. 姜明河, 译. 南京：译林出版社, 2013（2）：376.

束后，当局又以两人是夫妻关系而构成"集团""组织"为名，致使两人被永久流放。小说中用寥寥数语，道出了尼古拉·伊万诺维奇医生对待医疗工作极端认真的姿态，尽管年已花甲，在医院工作依然十分积极、活跃，不曾表现出任何抱怨与懈怠，一个人顶一个半人工作，无论白昼、黑夜随时紧张待命，"随时都准备跑去接生"。不公正的政治待遇、困窘的物质条件，并没有摧毁这对夫妇的宽容与良知。而卡德明夫妇在饱经生活的磨砺之后，仍然能以一种包容、坦然看待一切世事人情，他们在生活的各方面都十分节约，尽管生活清贫、衣服破旧，但是精神世界如此慷慨丰厚，他们总是无私地帮助那些比他们更困难的人，把自己极为有限的一点点财富赠与他人。妻子曾被放逐到原始森林从事艰苦的伐木工作，而每当回忆起叶尼塞河流域的原始森林时，仍发出由衷的赞叹：那里的风景是多美啊！夫妇两人在艰辛的生活中相依为命，始终不忘怀对一切美好事物的感受和体悟，在"遇到琥珀色、粉红色、火红色、猩红色乃至血红色的草原夕照，那简直是一种享受！身躯细长、头发花白的尼古拉·伊万诺维奇搀扶着臂粗腰圆、不无病态地愈益发胖的叶莲娜.亚历山德罗夫娜，步履稳重地走到村边的几所房子外面去欣赏这夕阳余晖的晚景"①。这是一个小说中最为令人动容的生活场景，尽管在物质上几近赤贫，尽管在政治上饱受不公正的待遇，但是从未放弃对人世间最美好事物的追寻，夫妇二人相互支撑、相互协助，对周边人物乃至动物命运的关怀、体恤、扶助并没有丝毫削减，在自身极端苦难的境地中闪烁着人性中坚韧、善良、美好的光辉。

亚历山大·伊萨耶维奇·索尔仁尼琴被誉为"20世纪俄罗斯的良

---

① ［俄罗斯］亚历山大·索尔仁尼琴.癌症楼［M］.姜明河，译.南京：译林出版社，2013（2）：244.

知"，尽管他的一生命运多舛、饱经动荡流离，但他始终怀着深刻的人道主义情怀，始终深切关注着俄罗斯大地，关注着这片特殊的土地上普通人的命运。在《癌症楼》这部作品中，作者以自身的痛苦经历为基础，凭借着敏锐的观察力以及超强的记忆力，深入细致地描述了饱受疾病折磨的病患，让读者能够清晰地感知甚至触摸到癌症病患苦苦挣扎的生命状态外，依然蕴含着顽强不屈的生命意志，更激发了人类内心深深的悲悯与良知；而小说里描绘的医务人员群体，从不屈服于政治压力而轻易低下高贵的头颅，一方面执着地艰难探索着医学技术路径，另一方面竭力摆脱严苛的政治氛围桎梏，努力为患者提供一方生命庇护所的人道情怀，打破了地域、时间和空间的界限阻隔，时至今日，依然令人为之深深感怀。一代大师已经远去，尽管在索尔仁尼琴的生前身后都饱受争议，但是他留下的巨作依然闪烁着特殊的光芒。毕竟，他为后人留下了关于那个时代的、特殊群体的特殊印记。

医疗实践中的语言暴力现象

在医患关系中，医患沟通是一个重要的环节，沟通不仅包括患者的病情陈述、既往病史、病情发展的如实披露，也有医方拟采取的诊疗措施利弊评估、分析，诊疗活动中存在的相关风险等关键信息介绍，良好的医患沟通有助于医患之间形成共识，医方积极施治、患方全力配合，达成一致的治疗方案，以期取得满意的诊疗效果。

在医疗实践工作中，医患矛盾产生的原因非常复杂，医患之间积极、有效的沟通是一个尤为值得关注的问题。公立医院大多面临着医疗资源紧缺、人满为患的突出问题，医务人员由于诊疗任务过于繁重，无暇为患者详细介绍病情、条分缕析治疗方案、治疗风险等，都有可能为引发医患纠纷埋下隐患。由于医患双方沟通渠道不畅、沟通方式不当、沟通技巧不够、信息沟通不全、沟通不及时等往往直接影响医患沟通效果。尤其医方的语言暴力常常成为引发矛盾的突出诱因，突出表现为医务人员无视患者焦虑、无助、困惑等种种心理需求，职业用语简单、粗暴，甚至直接表现为公开的语言暴力，极易让患者产生备受排斥、冷漠甚至歧视的不良心理感受。

客观地说，随着我国医疗体制改革的不断深入，当前医疗机构中整体诊疗服务的质量和水平有所提升,大多数医务人员对待患者及家属态度理性、平和、自然、亲切,医务人员面对患者的语言暴力属个别现象。医方语言暴力主要表现在医疗工作中,医务人员精神倦怠、暴躁易怒,语言具有攻击性、胁迫性、伤害性特征,医方语言暴力破坏力极强,不仅直接影响患者就医心理,也使医务人员的职业形象严重受损,影响当前社会整体和谐的医疗环境。哪怕是医务人员在察觉言行失当后试图弥补,也很难弥合医患之间产生的裂痕。

一、医方语言暴力现象个案揭示

笔者曾在某省公立三级甲等医院的医生办公室,亲眼目睹在医生忙碌的查房工作之后,被十余名患者及家属包围,而这样嘈杂、无序的工作环境似乎更加恶化了医生的紧张、焦虑感,在短短二十分钟的时间内,应对不同的患者提问显得极不理智、心绪烦躁,导致患者就医氛围迅速恶化。

> 个案1:有患者小心翼翼地询问是否有病床?医生方大声地告诉对方:"我已经告诉你了,没有床!你让我怎么办?总不能把其他病人直接赶出医院吧?"

此处称医方语言暴力不尽准确,但医生针对患者问题的回应显得粗鲁、无礼,具有一定的胁迫和挑衅的意味。其实,不妨直接告诉患者当前病床床位十分紧张,让患者安心等待一段时间;如有空床,将在第一时间由护士站通知患者入院。

个案2：有患者家属低声询问到分院住院需要哪些手续？估计是由于此前某位医生交代得不够清楚，致使患者了解不全面（也极有可能医生说明白了而患者自己没听清医生的意思），以致来回奔波往返，白白跑了六、七十公里冤枉路。医务人员依然是大声地回复："这个话是哪个医生跟你说的？你直接找他说，我不知道这个事情！"

医生的回应表现出强烈的推诿姿态，既然这个患者不是我最初接诊的，那么现在出现什么问题，患者都不要找我。其实，即便该医生不是患者的首诊医生，即便首诊医生给患者交代的医疗流程信息不够准确、全面，也应该基于对患者负责的姿态，立足于维护医疗团队的集体形象，尽可能用简洁、明了的语言为患者介绍有关医疗流程的安排。

个案3：医生继而面对的是两位来自某地州的患者家属，神情怯懦、衣着朴素，在嗫嗫嚅嚅小声地讲述了患者的情况后，令人震惊的一幕出现了，这位看似麻利、干练的女医师音量一下子提高了八倍："半年前我就告诉过你们，她得的是癌症！而且已经转移！我们当时的处理没有任何问题，现在我们也没有办法！"

……

聚集在这间小小的医生办公室，有医生、患者、患者家属、进修医生、实习医生，一干人等不少于二十来人，她的声音显得异常干脆果决、不容置疑。作为旁观者都觉得听起来刺耳、扎心，而患者家属的表情则是如雷贯耳，个中滋味，恐怕只有本人才有刻骨铭心的体会。真的是人生的当头棒喝啊！不难设想，哪怕患者家属囿于多种因素不得不忍气吞声，继续艰难坎坷的求医历程，哪怕是医生妙手施治，患者得以痊愈，又会对这样的医务人员心存多少感念呢？如果患者不能得到来自医方的心理抚慰与支持，这样的医务人员即便诊疗技术再高超，恐怕很难称得上是一个优秀的医生。

在医疗活动中的医方语言暴力现象看似寻常，患者无从感受医者仁心的关爱与悲悯，大大削弱了患者对医方的信任心理，极易激化医患矛盾，贬损了医护人员自身的职业形象，严重影响就医环境。从表面上看，医疗语言暴力现象是一些医务人员不注重个人涵养，职业素养亟待提高；但是在医疗语言暴力现象的背后，清晰地映射出一些医务人员医学人文关怀意识的极度淡薄，医学人性的迷失。在所有科学知识体系中，医学被称为最高贵的科学，根源在于医学具有人性的温度，医学的发端就是源自于人类互助互爱的天性所激发的嘉言、善行、义举。如果现实的医学实践中，医学发展带来的仅仅是医学技术的进步，人们无从寻觅医学应有的悲悯与仁爱，却遭遇如此粗暴、僵硬、冰冷的职业语言，不能不说是一种医学发展的悲哀和遗憾。

二、医方语言暴力的原因解析

事实上，在我国当前医疗资源高度紧张的态势没有得到根本性缓解的背景下，医务人员工作压力过于巨大成为人们司空见惯的现象。在很多医院都流传着这样的口头禅："女人当男人使，男人当牲口使"，长期高强度、超负荷的医疗工作使得一些女性医务人员不得不成为工作岗位上坚强的"女汉子"，在百事顺遂时可能心平气和，一旦内心波澜骤起，则表现出情绪无端失控，不仅缺乏女性应有的温婉、细腻，更缺乏基本的职业素养。医疗语言暴力不仅给患者及家属产生极大的心理压力，也在临床带教工作中对实习医生产生不良示范效应，影响不容低估。应该看到，不少女性医务人员既是医院科室的骨干力量，也是家庭中的顶梁柱，负载着职业、家庭的多重重负，在职场上要与男性一争高下，力求在医疗水平技能方面不断精进，在教学、科研任务不断加码的情况下奋力追赶科学前沿，使一些医务人员身心俱疲，苦苦支撑。

在医疗工作中形成的专业技术权威感、自信心的过度膨胀，致使一些医生行为不适当。上述事件中的主角并非初入职场的"菜鸟级"新手，也不是所谓低年资医生，而是经验相对丰富、具有一定职业信誉的资深医务工作者。经过多年的医疗实践不断历练，逐渐积累了应对各种病患及家属的经验，自信心指数较高，而且这类医务人员由于从业时间长，具有较高的专业技术职称，担任一定的行政职务，往往受到医院领导的信任、下属的尊崇，在权限范围内掌控着当下社会中高度紧缺的医疗资源。公立医院长期存在一床难求的局面，更加剧了患者求医时的弱势心理、求助心理、无奈心理。必须意识到，医方人员掌控医学专业技能的优势，并不意味着由此拥有居高临下地对患者大呼小叫、当头棒喝的特权；掌控着一定医疗资源的优势，更应该体恤患者饱尝病痛之苦，理当全力维护患者及家属的生命健康权益与人格的尊严。

医疗工作环境恶化，一些医务人员不注重个人职业道德修炼，情急之下口不择言，给病患及家属造成程度不一的心理创伤。很多公立医院里本就人满为患，急于想住院的患者及家属在医院病房中四处打听，奔走无果的情况下只能求助于医务人员。而医务人员被病患及家属层层包围，在患者及家属关于各种疾病机理、医疗流程、诊疗效果疑问等信息咨询的轮番轰炸下，如果缺乏心理定力，不注重情绪自我调控，往往发生情感迁移，表现在面对患者及家属的失态、失言。在狭小的诊疗空间里，负面情绪具有极快的传播、扩散能力，缺乏个人职业修养的医务人员就像一个具有自燃倾向的"炸药包"，没等患者的怒火点燃，就率先表现出一种浮躁易怒的倾向。而患者及家属内心的负面情绪长期蓄积，要么负气隐忍，要么就像一座蓄势喷发的"活火山"，一旦情感失控，极易采取极端行动，酿成悲剧性事件。

医务人员作为社会化的个体，不可能生活在脱离社会环境的"真空"地带。社会生活中的恶性事件、医务人员之间的工作意见分歧、职场晋升的压力、家庭生活的矛盾、个人情感世界的波澜等，都有可能导致医务人员难以全身心地投入医疗工作中。医疗工作是一项极为复杂的高强度劳动，兼具脑力劳动、体力劳动性质，医院紧张快速的工作流程，面对的患者难免为焦虑、紧张、无助、无奈心理困扰，医务人员长期保持高负荷运转状态极易出现心理失衡状态，以至于在工作中表现出对患者及家属的诉求缺乏有效、积极的回应，使其自身与医者职业形象格格不入。作为医务人员更应加强自我心理建设支撑，适时调整自我心态，抑或进行必要的心理疏导，寻求适当的渠道、合理的方式，及时、有效地宣泄和释放内心的心理压力。

三、如何避免医方语言暴力现象

不忘初心，重拾对生命的敬畏之心，对患者的关爱之情。西方医圣希波克拉底曾说，医生的三大法宝是语言、药物和手术刀。医学源于人类善良情感的一种特殊表达，医学的发展历史表明医学从来不是一个简单的技能培训过程，医务人员面对的患者来自社会的各个阶层，由于认知能力、知识背景、理解能力的悬殊，不仅存在着千变万化、细致微妙的身体差异，还要面对一个个丰富多变、个性多元、情感多样的心灵世界，更需广大医务工作者善于应用语言艺术，掌握相应的医患沟通技巧。语言是人际交流的基础工具，是建立医患之间良好关系的重要载体。医务人员加强沟通技巧培训，尽可能地运用平和、理性、清晰、简短的语言为患者解疑释惑，善于采用有安抚力、抚慰性语言、积极暗示的语言提振患者信心，树立其与病魔对抗的勇气与毅力，积极配合医方诊疗措施，以期取得最佳的诊疗效果。

优化诊疗环境，完善诊疗流程设计，为医务人员和患者提供一个安静、有序、优美的工作环境。各级政府加大医疗设施设备投入，医院应尽可能增加必要的医疗投入，完善医疗设施设备，优化医疗环境，美化就医氛围，一方面满足患者提升医疗服务质量、改善就医环境的要求，同时也为医务人员提供能够凝聚心神、全身心投入工作的医疗空间。当然，作为患者，应强化在医院这样的公共场所的规则意识，文明就医、有序就医，服从和遵守医院管理流程，做有信仰、服从、耐心三种品质的"良好病人"。

注重职业素养历练和养成，认真维护医务人员的职业形象。女性医务人员多被视作病房的白衣天使，而简单、粗暴的语言暴力使患者就医心理严重受挫，极易引发患者的不满、抱怨甚至对抗心理，而一旦医患双方就诊疗结果产生争议，患方对抗医方人员的语言暴力则可能演化成医患之间的语言冲突、肢体暴力冲突，不仅破坏医患关系和谐，致医疗纠纷增多，进一步加剧医患矛盾，恶化医疗环境。

医务人员应不断加强心理调适，培养自身良好的心境。面对纷繁复杂、变化万千的世界，医务人员更应该有一颗包容强大的内心，千万不要在日复一日、年复一年的繁杂、忙乱的医疗工作中迷失初心，始终坚守和奉持医者仁心的理念，培养"乱云飞渡仍从容"的心理定力，冷静应对各种复杂局面、突发事件，明心正道，以一颗仁爱、悲悯、宽忍、包容之心面对患者，让每一位患者不仅感受到医学技术发展带来的便利与进步，更能在点点滴滴的医疗实践中真切体会到医学应有的人性温暖和关怀。

荒谬与疏离：现实世界的人生写照

——关于阿尔贝·加缪《局外人》的意蕴解析

默尔索是法国作家加缪在《局外人》中塑造的典型人物，他时时处处置身事外，最终被卷入一场命案而成为现代司法制度的牺牲品。加缪深刻地发掘出现代人类生存的困境，借此揭示人类生存世界的荒谬性，体现了人类悲剧性命运和对荒谬现实的一种反抗，正是在抗争的过程中彰显了生命的意志，让生命闪烁出悲情和理性的光辉。

阿尔伯特·加缪（Albert Camus，1913-1960）是法国存在主义哲学的重要代表人物之一。1942年，年仅29岁的加缪发表了他的代表作《局外人》，随着时间的流逝，它的文学价值进一步被人们发掘、整理，成为世界文学评论界公认的当代最优秀的小说之一。

一、荒谬的语义释义

在世界文学宝库中，任何一个经典人物形象必然具有典型人物性格特征的刻画。加缪塑造默尔索这个普通小职员的形象是"通过个人生活来表达一种荒诞世界观的不同凡响的实验之一"①，默尔索以冷漠的态度看待社会，时时处处置身事外，成为一个游走于社会的"局外人"。小说历来被视作哲学的形象化，而《局外人》正是对加缪的哲学观点的诠释。"局外人"意味着人与周围环境、社会关系、个人命运的疏离，对社会规制怀有强烈的逃避、排斥心理，表现出个人言行举止与社会上所谓的"人之常情"相悖离，最终却在社会隐形的巨大网络中无从逃遁，荒谬感油然而生。这是20世纪上半叶西方社会的一种普遍的生存体验。

加缪也许是对荒谬的不同含义做出区分的第一位法语作家，他在不同的社会情境中解析其所包含的矛盾性、虚假性或不合理性。在法语中，荒谬一词大致包含了两层意思：分别对应英语里absurd（荒唐的）和nonsensical（无意义的）。加缪关于荒谬的概念始于对现代人扭曲的生存状况和生存环境的思考，荒谬是一个间质性模糊情感的表述，产生于世界的存在与人寻求理性的呼唤之中。在20世纪30年代，人类赖以跻身的世界是"一个充满着矛盾、悖论、焦虑和无奈的难以言表的世界"，人类自身生存状况的焦虑、关注以及个人身世的感怀体验，在加缪眼中，"在世界的非理性与每个人思考人对于清晰解释的渴望之间，可能会存在着矛盾性"②，这是一种难以琢磨、难以言表的荒谬的感受。尽管加缪的荒谬哲学并无完整的理论体系，他始终拒绝别人为他贴上存在主义哲学家的标签，但是加缪通过主人公与他人的关系、与世界的关系的描述，凸显出他对人类生存的高度认知与深刻、敏锐的感悟。一般

---

① [美]理查德.坎伯.加缪[M]马振涛，杨淑学，译.北京：中华书局，2014：69.
② [法]奥利维耶·托德.加缪传[M].黄晞云，何力，龚觅，译.北京：商务印书馆，2010：306.

说来，人的存在是社会性的存在，由于人不是独立于世界之外的单独存在，人必然通过他人才能获得自我生存意义的认同来显现自身的价值所在，人的本质特性是通过他存在于社会中体现，而荒谬与人的状况融为一体，以至于我们很难将人的荒谬与世界的荒谬单独剥离出来。正如加缪在《西西弗的神话》中所说"一个我们可以解释的世界，即使是用不恰当理由解释的世界，仍是一个我们熟悉的世界。相反，在一个突然被剥夺了幻想与光明的世界，人会感到自己是个外来者"[1]，这就是默尔索的世界的写照。"由于某种古怪的但又明显违背常情的原因，作品中人物的遭遇越离奇，故事的自然性就越容易体现出来；人生的奇特与人自然而然地接受这种奇特之间的差距是成正比的"。现代人生存的荒谬性就是通过这种奇特性得以显现。这种所谓的违背常情，是基于社会现实生活背景，对现实生活的折射，加缪深刻地发掘了人自身生存境况的荒谬性，并借此揭示现代人生存的独特困境。

二、疏离：社会的局外人

"死亡、多元论，真理与众生无法消除的多元性，现实世界的不可理解性、偶然性，凡此种种都是荒谬的集中表现"[2]，加缪在《西绪福斯神话》中指出，"荒谬感"的产生一般有四种方式，分别是：①生活的机械与单调导致对人类自身存在的价值和目的产生的怀疑感；②由于时间流逝造成的迫切感、不可逆感，或者说时间作为人类生命存在的毁灭性力量出现，由此导致的恐慌感、无奈感；③身处一个异己世界中的

---

[1] [法] 奥利维耶·托德. 加缪传 [M]. 黄晞云，何力，龚觅，译. 北京：商务印书馆，2010：308.

[2] [法] 奥利维耶·托德. 加缪传 [M]. 黄晞云，何力，龚觅，译. 北京：商务印书馆，2010：305.

胁迫感、疏离感、排斥感；④与社会、与他人，甚至亲友之间的隔绝感、疏离感。其中任何一种方式或几种方式的融合，都可能促使人们生发出难以挣脱、难以逃匿的"荒谬感"。这些方式或多或少地在默尔索身上体现，迫使他陷入一种不能自拔的荒谬境界中。

亲情的局外人：小说以第一人称的口吻来叙述，在开篇就用几个短句式介绍默尔索面临的重大的生活变故，"今天，妈妈死了。可能是昨天，我不清楚"[1]，其平淡、冷漠的姿态几近旁观者，寥寥数语就透露出默尔索先生与母亲之间亲情的淡漠、疏离与隔膜。在母亲生前，默尔索几乎整整一年不来看望母亲，在他看来"这样要占用我星期天的时间，另外还得花费力气，去赶长途汽车，买车票，路上得走两个小时"，路途的劳累、休息时间的占用，都成为不回家探望母亲的托词。而在极少的母子晤面过程中，情感的交流很大程度上是借助眼神来表达的，"妈妈在家时，总是默不作声地注视着我"[2]。长期疏于联络，沉默寡言的性格，见面时的无言以对，这些生活细节的积累到母亲去世时在别人看来难以承受的丧亲之痛，对默尔索先生来说，则是一切都快速复归为如常，平静而麻木。如果说默尔索先生对母亲的具体死亡日期无从知晓是由于养老院所发电报的含糊所致，但他显然无意去探究，哪怕是在给母亲送殡前也不知道母亲确切的年龄。面对母亲的突然离去，默尔索先生对死亡显现出强烈的焦虑、排斥感，甚至拒绝与躺在棺材里的母亲见上最后一面。尽管"在到养老院后，想马上看到妈妈"，但他还是木然地听从养老院工作人员的安排。重孝在身的默尔索先生保留着孩童

---

[1] ［法］阿尔贝·加缪. 局外人/鼠疫 [M]. 徐和瑾, 译. 北京：人民文学出版社，2011：5.
[2] ［法］阿尔贝·加缪. 局外人/鼠疫 [M]. 徐和瑾, 译. 北京：人民文学出版社，2011：6.

似的游兴，不无遗憾地向往着在乡间的漫游，"由于在乡下是很久以前的事了，我感到，如果没有妈妈这件事，我去那儿散步会有多么快乐"①。而在经过了一场和高温抗争的疲累与焦灼伴随的出殡仪式结束，当长途汽车进入阿尔及尔灯火通明的街区时，默尔索毫不掩饰内心的喜悦，"因为想到即将上床睡觉，可以睡上十二个小时"，当事人极度疲倦后渴望逃避的心迹表露无遗。

职场的局外人：默尔索先生在生活中的惯用语是"无所谓"，在他看来，"生活永远无法改变，不管怎样，各种生活都一样"。工作，对默尔索来说究竟意味着什么？既谈不上任何工作热情，也难以看出他对工作的厌恶、反感，在默尔索先生看来，工作只是生活中的一个刻板的程序化安排。"这星期天依然过得疲劳，想到妈妈现已安葬，我将要重新开始工作，总之，生活并没有任何变化"②。即便是面对工作中上司透露的升迁信息，即将面临移居巴黎的全新生活，也没有点燃默尔索先生任何激情与欲望。生活既然是可有可无的选择，选择也就成为可有可无的多余。

爱情的局外人：在默尔索先生那里，男女之间的爱情、婚姻不过是建立在赤裸裸的肉欲之上的幻象。在默尔索先生内心涌动的仅仅是肉体的欲望，对于女友玛丽的求婚，他的回答是无所谓，"如果她想结婚，我们可以结婚"，至于爱情"也是毫无意义"，而在答应女友的结婚请求时，他的反应是"这要求是她提出的，而自己只是表示同意而已"。当女友苦苦追问他如果面临别的女性、面临同样的请求如何作答时，默

---

① [法]阿尔贝·加缪. 局外人/鼠疫[M]. 徐和瑾，译. 北京：人民文学出版社，2011：11.
② [法]阿尔贝·加缪. 局外人/鼠疫[M]. 徐和瑾，译. 北京：人民文学出版社，2011：18.

尔索先生则毫不犹豫地表示自己"当然会同意",这是一个坦诚的告白。在外人看来生活中情侣结伴外出散步,穿过城市条条大街的"幸福"场景,置身其中的默尔索却依然是一个旁观者,是自己婚恋关系的局外人。默尔索先生唯一一次产生结婚的冲动是在看到朋友的妻子和自己的女友谈笑甚欢的时候,这让人感觉到其婚姻观的荒谬,似乎仅仅是为了取悦女友的缘故。既然爱情没有意义,只要是女性,只要是对方主动提出,婚姻的组合似乎都不是问题,婚姻成为满足对方心理意愿的无差别选择。

友情的局外人:默尔索先生的人际交往对象范围有限,在人际交往中往往表现得非常被动,导致默尔索先生身陷命案的起由是雷蒙·森泰斯。雷蒙自称是"仓库保管员",在对阿拉伯女友产生厌倦后,不仅对女友和女友的弟弟拳脚相向,还向默尔索先生提出代写"惩罚"、羞辱女友的绝交信的要求。尽管两人并无深交,尽管明知对方品行不佳,面对对方提出的求助,默尔索先生还是一如既往地回答是"无所谓",认为"没有理由不让他(满意)"①,由此遭到阿拉伯人的跟踪。在一次默尔索先生应雷蒙和朋友的约请到海滩游玩时,与阿拉伯人狭路相逢并发生冲突,在雷蒙包扎好伤口后两人重返冲突地与阿拉伯人再次遭遇,由于不赞成雷蒙开枪,默尔索先生主动提出由自己掌握枪支,这场冲突由于阿拉伯人的突然离去而暂时画上句号。但是默尔索和雷蒙回到休憩的木屋后,强劲的热气、模糊不清的醉意,使得默尔索先生极力想避开"太阳、劳累和女人的哭泣",当他独自回到泉眼处后,发现雷蒙的对头正躺在那里。阿拉伯人发现不断靠近的默尔索先生后率先拔出刀子,

---

① [法]阿尔贝·加缪. 局外人/鼠疫[M]. 徐和瑾,译. 北京:人民文学出版社,2011:24.

默尔索竟然鬼使神差般开枪,而后连开四枪,这四粒子弹就此打开了默尔索先生的厄运之门。

萨特曾准确地透彻分析默尔索的内心世界:"既非善亦非恶,既非有道德亦非无道德"。在小说的第一部分中,默尔索先生的日常生活描述平淡如水、刻板平庸,随着社会交往圈的延展,我们看到的是没有激情、没有价值、没有意义的社会交往,与母亲的隔膜、对公司老板的机械服从、与女友的肉欲满足、与朋友之间心不在焉的交往,默尔索先生的行为是不经过任何善恶、是非的价值判断标准的随意性选择,而他所习惯的沉默寡言不过是因为觉得"从未有要紧的事要说,于是我就默不作声"①。特立独行的默尔索始终游走在社会的边缘,他所习惯的语言表达"无所谓"就是内心意义缺失外化的典型表现,这种意义缺失按安东尼·吉登斯的话来说就是"个人的无意义感,即那种觉得生活没有提供任何有价值的东西的感受,成为根本性的心理问题"②。的确,作为一个没有社会意义、没有道德价值、与社会评判标准格格不入的生命个体,其生存的意义和价值何在?正如弗洛姆所说,尽管他"具有关于物质的全部知识,但对于人的存在之最重要、最根本的问题——人是什么、人应该怎样生活、怎样才能创造性地释放和运用人所具有的巨大能量——却茫然无知"③。由于生活中无意义感的存在和蔓延,在丧失自我归属、缺乏社会认同的前提下,社会对于这样的生命个体的存在

---

① [法] 阿尔贝·加缪. 局外人/鼠疫 [M]. 徐和瑾,译. 北京:人民文学出版社,2011:45.
② [英] 安东尼·吉登斯. 现代性与自我认同 [M]. 赵旭东,方文,译. 北京:生活·读书·新知三联书店,1998:9.
③ [美] 埃·弗洛姆. 为自己的人 [M]. 孙依依,译. 北京:生活·读书·新知书店,1988:25.

是否会给予包容的空间？答案是否定的。

三、荒谬：被置之局外的局外人

《局外人》中的第二部分着力揭示现代资产阶级司法制度的荒谬是通过看似人性化的制度设计、严谨的逻辑推理来得以展现的。从法律角度来说，默尔索完全基于偶然因素卷入命案，在双方冲突在前、阿拉伯人抢先拔刀相向的情况下，默尔索先生出于自卫本能开枪，本应从轻量刑。但是默尔索先生不惯于伪饰，"身体的需要致使感情失常"，其悖于常人的情感表达而被视为异类。在耗时漫长的庭审中，人们的注意力被引导到与案件并无关联的生活细节的探究上，而这些细节经过别有用心地串连，最终成就了堂而皇之、冠以国家名义宣布死刑判决的证据链。显然这一判决结果无疑是荒谬的，因为它将一个诚实无欺、表面冷漠而内心敏感的人物彻底扭曲化、妖魔化。就司法领域而言，在把当事人完全排除在司法程序之外的前提下，通过看似缜密、完善的法律程序制造了一起完完全全的人性冤案；"而就定罪量刑的法律基本准则来说，默尔索又是死于意识形态和世俗观念的肆虐"①。加缪没有着力对现代司法制度进行批判性反思，而是致力于司法制度对抹杀人性的揭示，这是《局外人》作为一部现代经典名著的社会思想性的一个重要基石。

在整个预审过程中，预审法官先入为主地对当事人的宗教信仰、对亲情的淡薄显示出过分关注，这种基于个人生活细节的过分关注逐步被引入歧途，被打上了"道德上的魔鬼"的烙印。在庭审时，养老院院

---

① [法] 阿尔贝·加缪. 西西弗的神话：加缪荒谬与反抗论集 [M]. 杜小真, 译. 天津：天津人民出版社, 2007: 5.

长、门房老头、母亲生前的旧友等人的证词都对默尔索先生极为不利，包括在为母亲守灵时，身心极度疲倦的默尔索先生以礼节性的回应，邀请门房吸烟等举动都成为罪证。尽管与枪杀案并无关联，法庭上检察官不顾当事人的隐私要求默尔索先生的女友当庭陈述，堂而皇之地声称"他的职责要求他凌驾于社会习俗之上"①，于是默尔索先生与女友在母亲去世后第二天洗海水浴、看喜剧电影等细节——成为罪证。而邻居萨拉马诺的证词指出默尔索先生"为人正直，甚至可以说是好人"的话，以及他与母亲的隔膜"应该理解"却丝毫没有引起法庭应有的重视。

作为在案件中最为关键的引发与阿拉伯人冲突的雷蒙在法庭作证时，曾经试图澄清默尔索卷入这场命案的偶然性，检察官关注的不是默尔索与阿拉伯人并无仇恨，而是雷蒙与默尔索两人朋友关系的互证。一切与案件相关的重要信息都被有意无意地忽略、掩盖的同时，检察官积极引导陪审团关注有关涉案人的朋友关系，然后轻而易举地顺带得出结论："这是最为下流无耻的悲剧，因罪犯是道德上的魔鬼而变得更加惨重。"② 最后检察官在法庭上铿锵有力地大声宣告，"我指控这个人在埋葬母亲时怀有一颗杀人犯的心。"一个带有浓厚的个人情绪色彩的臆断在现代司法制度的掩盖下成为对默尔索先生定罪的重要依据，看似严谨的逻辑推敲，基于偏离事实的主观猜测，继而贴上标签化的"道德魔鬼"而宣布死刑，最终成就了司法制度的悲哀，这是对所谓神圣庄严

---

① ［法］阿尔贝·加缪. 局外人/鼠疫［M］. 徐和瑾，译. 北京：人民文学出版社，2011：63.
② ［法］阿尔贝·加缪. 局外人/鼠疫［M］. 徐和瑾，译. 北京：人民文学出版社，2011：64.

的司法制度的莫大讽刺。

客观地说，默尔索先生对自己的行为有一定悔罪意识的，在第一次与预审法官见面时，默尔索先生为对方的亲切假象所迷惑，甚至有"想跟他握手"的冲动，但马上就因为意识到自己是"杀过人的"而退缩。他甚至对运转复杂的司法机关"管这些细枝末节的事"而大加称赞，说"使人十分方便"①，而法律机器运转的最终结果却是他被宣布为"预谋杀人""丝毫没有一点人性""蔑视最基本的社会原则"，甚至"其空洞的心即将成为毁灭我们社会的深渊"的"罪不可赦"者最后被判处了死刑。

加缪曾将《局外人》的主题概括为一句话："在我们的社会里，任何在母亲下葬时不哭的人都有被判死刑的危险。"这句话让人们见证了貌似缜密、公允的司法制度能够轻松地制造人性灾难，这正是这个世界的荒谬所在，实际上也是加缪的存在主义哲学观中荒谬感的体现，这种荒谬感的产生是由于人对世界的合理期望与世界本身不按预期方式存在之间的对立。这种人和生活的分离，现实与目标预期的分离，决定了荒谬感产生的必然性。令人质疑的是，现代法律制度体系的运作中把当事人完全排除在外，看似严谨的证据链的构成不过是一连串与案件基本事实无关的生活细节的堆砌，控辩双方的唇枪舌剑没有围绕着杀人罪行来展开推敲，而对当事人日常生活中琐碎细节的描述，最终成为法庭定罪的最有力的证据。尽管身陷囹圄、重罪在身，默尔索依然是一个自身命运的局外人，他对预审法官、律师的观察，对女友探监时依然保持的淡漠，倾注心力去关注探视室内各色人等的表现，超然地感喟"即便在

---

① ［法］阿尔贝·加缪. 局外人/鼠疫 [M]. 徐和瑾，译. 北京：人民文学出版社，2011：43.

被告席上,听到别人谈论自己仍然有趣",无不表明人们身处的不过是一个荒谬的世界,在这个世界里,人是不可能对抗社会的。默尔索如同独自一人在废墟中徘徊、伫立,最后不得不屈从于社会对自己的独特性和弱点的压制,不得不接受一个残酷的事实:那就是在荒谬的制度下,经过荒谬的审讯,为其荒谬的行为付出代价,终结其荒谬的人生。默尔索在狱中每天要做的就是回忆往事,并把这些有限的往事不断完善、扩展,以此消磨越来越有限的时间。在小说的结尾,默尔索在最后一刻终于清醒,通过一段激昂的表白发出了内心的呐喊和控诉:"面对这布满预兆和星星的夜空,我首次向这温柔而又冷漠的世界敞开心扉。我体会到这世界跟我如此相像,因此感到自己过去幸福,现在仍然幸福。"[①]尽管默尔索对于生存的世界和自身的命运无从改变,但他勇于正视并藐视荒谬的命运,正是源于这种精神的超越而体会到了人生追索的幸福。

四、抗争的价值:荒谬与幸福并存

在《局外人》中,隐晦、抽象的荒谬主题是通过小说叙事的形式传达的,尽管从头到尾几乎没有涉及人物的外貌描写,加缪却为我们塑造了一个生性冷漠、敏感,与周围的世界格格不入、性格鲜明,具体可感的人物形象。加缪选择自然朴实而非技巧化的内心独白的形式,真切地表述他对生活的认知与内心感受,通过默尔索孤独的个体心理体验充分展示人与外在荒谬世界的冲突关系。尽管小说篇幅不长,写作的笔触冷静细腻,语言简练直白,几乎全是心理、动作描写和过程叙述,看似

[①] [法] 阿尔贝·加缪. 局外人/鼠疫 [M]. 徐和瑾,译. 北京:人民文学出版社,2011: 81.

不动声色的语言却直逼人物的内心世界，深厚的哲学底蕴往往透过平实的文字凸显出来。

加缪在美国版《局外人》的序言中这样评价默尔索："他远非麻木不仁，他怀有一种执着而深沉的激情，对于绝对和真实的激情。"相对于其他人而言，默尔索对这个世界的荒谬有着更加深刻、更加自觉地体悟，他对世界的认知远远超出了他所处的时代和众人，冷漠是他面对荒谬的世界人生所采取的特有的应对方式。加缪提出，面对荒谬感，人有三种反应：一是自杀；二是在人的生活之外寻求意义；三是在生活之中创造意义。默尔索与荒谬的社会进行抗争，却受到了社会的压制和排斥，最终被扼杀。这一荒谬的现象背后隐藏着残酷而清晰的逻辑线路：任何违反社会基本法则的人必将受到社会的惩罚，而这正是人类生存的悲剧性和荒谬性所在。而透过麻木、冷漠的表象，默尔索内心始终没有放弃应对荒谬的理性思考，他认识到了世界的荒谬和生活的痛苦，面对生活的有限性和无目的性而又藐视荒谬，但是他并没有被荒谬感打败，荒谬本身就是理性的特殊形态，痛苦就是幸福来源的特殊表达。由于《局外人》获得了极大的成功，默尔索成为20世纪三四十年代最富有戏剧性、同时也是一个最含混的标志性人物，加缪以其独特的、敏感的视野，准确地诊断出来某些时代的病灶，他在表达对人类命运的关切和忧虑时，也有意识地拒绝了自己内心的一些虚无主义倾向，体现了对人类反抗悲剧命运和荒谬现实的一种反思，在抗争的过程中彰显了生命的意志，展现了生命的潜能和深刻的生命存在之美，让生命闪烁出悲情和理性的光辉。

道德、法律、历史的三重诘问

——关于本哈德·施林克《朗读者》的解析*

本哈德·施林克在《朗读者》中以第一人称的角度讲述了男女主人公在第二次世界大战时期的一段特殊恋情,让读者在目睹了人物内心世界所有的挣扎、羞耻和愧疚的同时,并进一步引导读者对个体人物的命运进行关注和思考,把人物放进特定的历史语境中进行剖析,折射出德国整个国家、社会层面对二战时期历史罪行的深刻反思。因此,作品在给读者带来文学审美享受的同时,更带来了道德、法律和历史的多维度的评判,具有深刻的理性思考价值。

《朗读者》是德国侦探小说家本哈德·施林克笔下的爱情故事,作者将一段难以定位的情感历程娓娓道来,以第一人称的角度不仅让读者目睹了人物内心世界所有的挣扎、羞耻和愧歉,而且把人物放进历史语境中加以把握,引导读者对人物命运进行历史性思考,因此具有了特殊

---

* 本文为在云南民族大学张建国教授名师工作室研习期间阶段性成果。作者为刘小勤、张建国。

的历史厚重感和理性深度。

一、《朗读者》：德国严肃文学的特殊魅力

《朗读者》在改编成电影之前知名度并不高，而同名改编电影一经推出后即迅速蹿红，女主角凯特·温丝莱特凭借此片奥斯卡封后，进而小说在整个欧洲和美国成为"超级畅销书"，这本独特的书在短期内迅速畅销世界，按照克利斯托夫·施扎纳茨所说，倚助的"不是声势浩大、大张旗鼓的宣传，也没有广告宣传战，不是媒体炒作出来的，而是在深层，像地质构造的推移"①，这句看似令人费解的赞语，让人或多或少地体悟到这部小说在经历了岁月的磨砺之后，更加显现出人性剖析和挖掘的深度，具有独特的文学魅力，为世界文学宝库增添了别样的风采。

就文笔而言，很多阅读者声称这是一部让人能够一夜读完的作品，文字表述简洁，风格稳重缜密，正如曹文轩在序言中所说"这是一部典型的德国作品"，严肃的作品、严肃的主题、严肃的语言，"没有无谓的调侃、轻佻的嬉笑和缺少智慧的所谓诙谐"②，这不仅是一部关于充满道德争议的情与欲的不伦之爱的故事，还融合了大量历史和现实责任评述的重要内容。在书中有大段的主人公的忏悔、战争的内省、历史罪责的反思、对人性的剖析，抽丝剥茧般细腻、深刻；尽管有的段落文字略嫌冗长、沉闷，但这些文字叙述并不与小说脱节，显现出德国文学作品所独具的缜密的逻辑思维、冷静朴直的语言风格特色。

---

① [德] 本哈德·施林克. 朗读者. [M]. 钱定平，译. 南京：译林出版社，2006：208.
② [德] 本哈德·施林克. 朗读者. [M]. 钱定平，译. 南京：译林出版社，2006：1.

二、道德的评判：人性的剖析

文学创作历来就拥有自由而多向度的创造空间，但是作为"人学"的文学作品，永远也不能回避对人物形象的道德判断与评价。从世俗的眼光来看，《朗读者》中男女主人公的感情似乎是丰满健硕的少妇与青春躁动的少年之间一段难以见天日的感情纠葛，一段挑战道德底线的不伦之爱。由于男女主人公在年龄、性格、人生阅历、社会阶层等诸多方面存在着巨大悬殊，这场恋情看似来得那么唐突、荒谬，但在二人之间又似乎是再自然不过的事情，一切仿佛就注定应该是这个样子的。米夏对汉娜的感情是复杂的。米夏对汉娜含有对母性关爱的精神依恋，而另一方面也来自对汉娜的肉体欲望，汉娜的突然离去使这段恋情戛然而止。但这段短暂的感情对男女主人公来说是影响一生的：米夏始终无法寻找到情感的归属，甚至难以恢复爱的能力，一生也无法走出汉娜的影子；而汉娜选择突然离去、在战争中充任集中营看守乃至战后接受审判、坦然服刑，最终在重获自由的前夜选择死亡，同样也是对曾经的刻骨铭心的感情的一种逃避。

小说名为《朗读者》，作者正是巧妙地、不着痕迹地运用朗读者与听读者角色的变换，折射了男女主人公复杂的感情纠葛与身世变迁，以此推动小说情节的发展。作者首先展现的朗读场景是在汉娜的小屋，此时朗读与听读是情与欲的天然合一，精神与肉体的高度契合，作者把汉娜对于经典文学作品魅力的痴迷，对于人类精神文化财富的仰望与尊重之情揭示得淋漓尽致。小说作者构思细腻巧妙，往往不露痕迹地在行文中埋下伏笔，如汉娜对不会阅读的秘密的透露。米夏趁父母离家时邀请汉娜去家里，她流连于米夏父亲的藏书柜前，掩饰不住内心对于阅读的仰望、敬畏之情；在一次外出旅游途中，米夏因短暂离开而留下一张字条，不识字的汉娜误解其抛弃自己而勃然大怒，竟用皮带抽打米夏，这一细节表现出汉娜对米夏的情感依恋之深，又暴露出汉娜个人性格方面的暴戾、粗鲁，在某种意义上与分手后汉娜作为集中营看守形象的叠加是吻合的。

  第二个朗读情景是发生在战争时期的纳粹集中营，担任集中营看守的汉娜依然保留着特殊的爱好，为她朗读的人物是集中营中的囚犯。作者对于汉娜的这段罪恶的记录没有进行正面描叙，而是通过法庭审判过程中控辩双方陈诉、证人证言的方式展现。在集中营的朗读与听读的方式不再是温情脉脉的灵魂与肉体的交织，而充满死亡的恐怖和残酷的气息。尽管在小说中一直没有出现过荷枪实弹的纳粹形象，但却始终笼罩着属于那个特殊年代的战争阴霾。汉娜，这个大屠杀中的犯罪者并不是标签式的面目狰狞的恶魔，而与那个情感丰富细腻，听到经典文学作品的朗读而落泪，在教堂聆听圣歌会为之动容的汉娜是同一个人。如果对犯罪的动机进行深究，就不难"发现人性普遍弱点的存在：愚昧、麻木不仁以及发现了人无法逃避的被阴差阳错的命运所作弄的悲哀"①，人性中的缺陷在战争机制的导引、推动下，竟成为双手沾满无辜生命鲜血的屠杀机器的构成要件。

  第三个朗读情景也是全书中最重要、最感人的朗读情景，发生在汉娜服刑期间。米夏独自前往集中营去体悟战争的罪恶，决定通过寄送朗读磁带试图弥补对汉娜的忏悔与救赎。朗读与听读的方式令人动容，朗读者与听读者之间无从谋面，狱外的米夏通过不断地朗读文学作品、录

---

① 刘妍娥. 朗读者——人性思考的独特表达 [J]. 新西部. 2008（22）：118.

音，寄送朗读磁带，狱中的汉娜不断播放、收听磁带的方式实现，她根据磁带对照图书这种近乎原始、笨拙的学习方式最终学会了阅读。

"知识是德性的形式根源，充当德性的必要条件，决定德性对象的可能范围"①。如果说在法庭上接受惩罚的汉娜出于避免在昔日恋人面前暴露自己是文盲的隐私的话，逐渐掌握了读写能力的汉娜坦然接受法律对她的惩罚则是伴随着对个人罪恶的深刻体认来实现的。尽管我们从书中无从了解汉娜个人对罪责的反思的内心独白，但从她阅读篇目的变化可见一斑："包括多年前关于集中营的一般书目；也有一两年前关于在集中营中的女人、女囚犯、女看守的书写"，也能从监狱长口中得到进一步表征："自觉自愿地服从这儿的规章制度，好像这里单调乏味的工作对她是一种反省"②。从汉娜自杀前倾尽一生所有积蓄托付给犹太人幸存者的行动中，读者从内心为她深刻的忏悔与反省而震颤。在完成了对自身罪责的救赎后，读者最终接受了这个用自己的生命洗刷了自身罪恶的汉娜，甚至从内心原谅了她。我们又能要求什么呢？我们还能要求什么呢？如果这时对应小说作者所说"人并不是因为曾做了罪恶的事而完全是一个魔鬼，或被贬为魔鬼；因为爱上了有罪的人而卷入所爱之人的罪恶中去，并将由此陷入理解和谴责的矛盾中；一代人的罪恶还将置下一代于罪恶的阴影之中"③。当我们看到即将恢复自由之身的汉娜，因为深刻的、沉重的羞耻感而逃避，曾经在精神和肉体上契合的男女主人公无法面对难以消融的隔膜、无法摆脱的记忆而最终选择逃避，读者内心不禁深深为之怅惋。

---

① 崔平. 道德经验批判 [M] 上海：上海文化出版社，2006：35.
② [德] 本哈德·施林克. 朗读者. [M]. 钱定平，译. 南京：译林出版社，2006：182.
③ [德] 本哈德·施林克. 朗读者. [M]. 钱定平，译. 南京：译林出版社，2006：3.

三、审判与救赎：正义的裁决与心智的审判

《朗读者》的写作视野并不局限于男女主人公的特殊恋情的纠葛，而是放到了第二次世界大战的特殊背景之下，因此，必然给人物命运打上历史的印记。小说中男女主人公的这段恋情毫无征兆地突然结束，米夏陷入长期的痛苦与彷徨中。在分别八年后，两人重逢是在战后清算历史罪行的法庭，米夏作为法律专业的学生旁听庭审，坐在审判席上的是曾经在集中营担任看守的汉娜。

公共法庭的审判：正义的裁决？在庭审过程中，汉娜对于战后法庭的审判显然缺乏基本的认知，她为自己的辩护不仅显得微弱无力，而且也是令人厌恶、反感的。汉娜在战争期间担任集中营看守，在关押着数百名犹太人的教堂失火时，她首先考虑的是如何维持秩序、防止囚犯逃跑，听任教堂里的犹太人被活活呛死、烧死。汉娜不仅对杀人没有任何羞愧感、耻辱感、罪恶感，在她看来，自己所做的不过只是在服从命令、完成任务罢了，并反复辩称她的职责就是维护秩序以阻止出现更加混乱的场面，甚至反而"咄咄逼人"地向法官提出了"你会怎么做"的质疑。必须注意，在主观上汉娜并不具备任何挑衅的意味，她的提问既是内心对"秩序"的几近扭曲的高度认同、维护意识的反映，也是其真实的茫然、困惑的内心世界的流露；从客观的角度来看，这个令法官备感尴尬的问题，实际上是所有经历过那个特殊的历史时期的德国人都无法回避、也难以回答的。

小说借汉娜这个人物形象揭示了在特殊的历史时期，在高度集权、独裁专制的德国社会中，个人的价值标准完全依附于社会的价值体系，个人已经丧失理性思考的空间，缺乏独立思考和独立判断的能力，更不

具备个人行为的理性选择能力。"人们的行为标准取决于外部的规定和期望，他们把规则看作是神圣的和不可改变的，对法律、权威、权力等有着朴素的单方面的尊重"①，这就与皮亚杰所说稚童的服从心理颇为类似，"任何服从于规则或成人的行为都是好的……任何不符合规则的行动都是坏的"②。在战争期间，有着正常的心智、理性的人们不得不随波逐流，无法做出是非对错的裁决，无法摆脱的战争阴霾，以恪尽职守的名义有意无意地加害于他者，全面推动战争机器的运转。

  小说对汉娜在战争中的罪恶的揭露，是以一种所谓"平庸之恶"的形式出现的，即在一般社会生活中常见的人物性格缺陷在恶的社会制度的构架下愈演愈烈，人性的恶在战争中进一步凸现破坏力，给人类带来的空前灾难。这绝不仅是汉娜，一个文盲的悲哀，也是一个民族莫大的悲哀，更是历史的悲哀。作者并不局限对人性的简单评判，而是注重把人物放到特殊的历史语境下进行剖析，引导人们对历史的罪恶与人性的弱点相互纠结，构成人性的真实与历史的真实的思考。

  尽管证人证言疑点叠生，其余看守为推诿罪责、几乎众口一词地诿过于汉娜，但显然汉娜对自身在法庭局势中不利势态的错误判断和行为选择只能加剧法庭的惩罚。在接受法庭审判时，汉娜内心并没有对自己在战争中的盲从罪行有所反省，但是在发现昔日的恋人在法庭旁听后，内心深处以不识字为耻辱的汉娜为了避免自己的秘密暴露，对于自己不利的控诉悉数承揽，坦然领受法庭看似公正实则偏颇的惩处。这种惩处以维护社会公正、清算历史罪行、维护法律尊严的名义进行，似乎天然

---

① 彭柏林.道德需要论［M］.上海：上海三联书店，2007：141.
② ［瑞士］J.皮亚杰.儿童的道德判断［M］.傅统先，等译.济南：山东教育出版社，1984：125.

地具有历史的公正性，但恰恰由于缺乏对个体行为轨迹的追问、对个体罪行的充分举证辩论、审慎推敲而定罪量刑，难以避免地被打上了有失公允的烙印。

心智的审判：道德的拷问。在汉娜经历着一场来自公共法庭对其历史罪行的审判的同时，米夏则在另一个无形的心智的审判中饱受道德良知的拷问。米夏内心对自己爱上汉娜的这段恋情十分惶惑，自责感与耻辱感相互纠结，但恰恰又是这段刻骨铭心的感情使得他无法掩饰对汉娜命运无可逃避、无从掩饰的关注。作为唯一的知情者，尽管米夏对于庭审中汉娜的不利态势非常清楚，尽管曾经信誓旦旦地告诫自己"我心里想我一定要阻止一场错误的判决。我一定要主持公道，一种不考虑汉娜曾经扯过谎的绝对公正……我绝对不能容许汉娜怎么想就怎么想，想怎么做就怎么做，我必须对她施加影响，如果直接影响我办不到，就施加间接影响"①。在经过内心长期的激烈斗争后，米夏鼓起勇气敲响审判长的门，仅仅在与审判长进行了一个关于"包括年纪、专业、课程等学习、考试问题的"短暂闲聊后，所有信誓旦旦不复存在，他毅然放弃任何努力的可能，并且"浑身释然：只有这样，我才能重新回到生活里去，才能继续生活下去"。

作为唯一知道真相的米夏主持公道的幻想在一个短暂闲聊后全然改变，最终选择了沉默。正如美国著名的思想家、公共知识分子的代表人物安·兰德所说，道德评判在涉及"人类知识的错误还是人类的罪恶"时就会显得尤为艰难，特别是"当人们恐惧地发现与他们打交道的人——他们'所爱的人'、朋友、商业合作人或政治统治者——不仅是错

---

① [德]本哈德·施林克. 朗读者. [M]. 钱定平，译. 南京：译林出版社，2006：159.

误，而且邪恶的时候，有多少人选择逃避，使自己的精神陷入盲目麻痹的状态并使之合理化"①。当然，某种意义上来说，米夏不去澄清汉娜是文盲的事实，一方面掩盖了自己成长过程中的那段难见天日的特殊恋情，另一方面也隐含着对汉娜隐私的尊重，哪怕这种尊重付出的代价异常高昂：汉娜不得不接受法庭严苛的判决，而米夏则终身饱尝良知的谴责。其实从某种意义上说，"在心智的法庭上，责任比公共法庭更令人敬畏，因为只有他（本人），做出道德评判的法官，才知道自己何时受过弹劾"②。作者通过对米夏心理轨迹的发展演化的描述，深刻地揭示出米夏个人的自私、懦弱、逃避自保的性格特征，对人物心理的省察和剖析准确得近乎残酷。

米夏与汉娜两人对这段恋情都讳莫如深，成为两人之间永恒的秘密。即使没有人知道自己不端行为的情况下，也"因为违背良心和戒律的行动引发精神苦闷，催生罪恶意识，这种具有自我惩罚功能的罪恶感被认为是形成人格中超自我的重要因素"③。始终无法放下心灵的重负的米夏，坚信自己对汉娜是怀有罪恶意识的，正是因为这个罪恶意识衍生的责任感，促使米夏通过以朗读的方式帮助汉娜省思自己在战争中残害无辜生命的罪行，他精心挑选作品、寄送朗读磁带，希冀借助文学作品的魅力去打动汉娜曾经无视生命尊严的麻木、冷漠的内心世界；但是，米夏坚持朗读的行为本身也透露着非常明确的信息，即他与汉娜之间已经横亘着一个难以逾越的鸿沟。小说通过对米夏在汉娜服刑期间从未探视、拒绝回复汉娜的任何信件、在得知汉娜即将恢复自由时为汉娜

---

① [美] 安·兰德等. 自私的德性 [M]. 焦晓菊，译. 北京：华夏出版，2007：73.
② [美] 安·兰德等. 自私的德性 [M]. 焦晓菊，译. 北京：华夏出版，2007：71.
③ 杨伟. 日本文化论 [M]. 重庆：重庆出版社，2008：123.

所做的种种安排也是在按照监狱长的要求进行等诸多细节的描述，都清晰地表明米夏在内心深处决意与青涩年代的成长记忆告别，与那个战后用自身的生命自由为代价以洗却罪恶的汉娜诀别。米夏通过对在战争中泯灭人性的汉娜进行的拯救，最终实现了自我的救赎。

四、历史的问诘：罪与罚的反思

"历史是人类共同体的集体记忆"①。第二次世界大战是人类发展史上的惨痛记忆，这次战争对现代文明的摧残，对人类发展进程的剧烈冲击、对人性的抹杀达到空前惨烈的程度，战后许多国家纷纷对战争机制的形成、战争的罪恶进行深刻的反思，如何避免历史悲剧的重演始终是人们不容回避的问题。历史的记忆也是衡量一个民族责任感的重要标尺。在历史问题上，曾经作为二战的主要策源地、失利者的日本和德国形成鲜明对比。日本往往以各种借口美化其侵略历史，掩盖历史罪行，以"一亿总忏悔"论调为例，强调以集体为依托，以集体决策、集体行动为借口，使不同社会层级、不同社会角色的人历史责任模糊化，以此达到淡化、逃避个人历史责任的目的。日本学者加藤周一在其所著的《日本文化论》中的论述就颇为典型："战争责任由全体日本国民承担，不是由领导人承担。所谓'一亿人总忏悔'，就是说无论是香烟铺的老板娘还是东条首相，都有一亿分之一的责任。一亿分之一的责任，事实上几近于零，即变得没有责任。大家都有责任，几乎等同于谁也没有责任"②。从"一亿总忏悔"到"一亿分之一责任"的弱化分解，从"大

---

① [英] 休·希顿-沃森. 民族与国家：对民族起源与民族主义政治的探讨 [M]. 吴洪英，黄群，译. 北京：中央民族大学出版社，2009：631.
② [日] 加藤周一. 日本文化论 [M]. 北京：光明日报出版社，2000：244.

家都有责任"到"谁也没有责任"的危险蜕变，沉重的历史责任最终淡化、虚化到无人承担、无可追责的境地，这实在是一种必须高度警惕的危险倾向。

而本哈德·施林克在《朗读者》中通过小说主人翁命运的关注折射作者对历史问题的反思，主要表现出如下三个方面的特点：

第一，历史反思具有普遍性与深刻性的特点。社会学家丹尼尔·贝尔曾说"（我们）对自己的民族在整个历史上的作为，不论好坏，都是一种道德责任感……这种属于一个现存的民族性社群的意识决定了我们生活的意义"①。作为一部严肃的小说，《朗读者》所关注的并不只是特殊历史时期的男女恋情，而是巧妙地借助男女主人公的命运来体现作者对历史问题的思考。作者不是进行抽象意义上的罪恶归因，而是通过对个体人物的性格、命运发展轨迹进行深刻剖析。没有故作姿态的巧言伪装，更没有集体罪恶名义下的个人罪恶的推诿，所有直接或间接的战争参与者、见证者都面临着无从回避的历史责任和良知的拷问和反思。通过对个体人物命运的关注，小说折射出德国在整个国家层面、社会层面对第二次世界大战的历史罪行的深刻反思，在叙述过程中运用大量诘问与反思，无疑为这部小说增添了更多的历史厚重感。

第二，惩戒形式具有社会性和自我性的特点。美国当代著名文化人类学家鲁思·本尼迪克特曾经指出：在西方社会"如果违反了道德准则就会被视为罪，罪可以通过忏悔或赎罪来减轻，但必须是以内化的罪恶意识为基础来行善的"②。小说中对汉娜战争中的罪行是通过接受公

---

① ［美］丹尼尔·贝尔. 社群主义及其批评者［M］. 李琨，译. 北京：生活·读书·新知三联出版社，2002：129.
② ［美］本尼迪克特. 菊与刀［M］. 北京：九州出版社. 2005：143.

共法庭的社会惩戒得以实现,米夏则是在接受良知的自我审判后进行自我惩戒,两者虽然惩戒具体形式不同,但男女主人公对战争罪恶、人性丑恶进行反思的心理动因都是建立在强烈的罪恶感内化的基础之上。尽管米夏未直接参与战争,但在得知自己爱过的汉娜曾经在纳粹集中营中担任看守的历史而产生了强烈的自责意识;尽管作为汉娜是文盲的唯一知情者,米夏曾经急于为恋人洗脱罪责,不如更准确地说是希望减轻责罚。究其原因,就个人层面而言,大多源自米夏对曾经刻骨铭心的感情的担当意识;而他最终放弃澄清事实的责任,则是一个法律专业的学生维护法律尊严的本能意识。从社会层面看,则与二战后德国整个社会对纳粹罪行的深刻反省的社会主流意识息息相关。

第三,历史罪恶归因具有代际传承性的特点。正如丹尼尔·贝尔所指出:一个民族对历史的记忆"提供了一种道德传统,有助于表述我们生活的一致性,使我们有义务来促进我们的历史中所记忆和期望的理想,把我们的命运与我们的前辈、同时代的人以及后代连结在一起"①。透过小说,我们可以发现,德国对历史罪恶的反思具有宽泛而深厚的社会基础,不是来自某一社会群体的人性良知,也没有局限于某一时期,而且具有鲜明的代际传承的特点。作者借米夏之口发出了严正的诘问:"不论集体犯罪在道德和法律方面应该承担什么责任,从我们这一代学生看来,犯罪本身都是确凿无疑的事实。不仅在第三帝国时期的事是事实,而且后来发生的事,诸如向犹太人的墓碑涂抹纳粹标志,诸如许多老资格纳粹分子居然在法律界、在管理部门,甚至在大学里面步步高升,诸如联邦德国至今还不承认以色列国,诸如当年辗转流亡与艰苦抗

---

① [美]丹尼尔·贝尔. 社群主义及其批评者 [M]. 李琨,译. 北京:三联出版社,2002:124.

战的事迹很少传播开来，反而是屈从淫威、苟且偷生的故事广为流传，等等等等。所有这些都使我们这一代蒙受耻辱，即使负有罪责的人是千夫所指，也不能两相抵消。"①

通过小说，我们可以感受到德国社会主流意识中对历史罪恶的反思，也感受到具有社会责任和历史良知的人们对战后历史罪行清算中不彻底的现状抱有强烈的羞耻感和不满。面对历史的反思与问诘，我们始能相信不让历史悲剧重演的目标的实现，不仅是政治家的口头承诺，更是具有坚定而广泛的民意基础为支撑的集体行动。正是出于这种正视历史"负面遗产"的反省、问诘以及进行国家赔偿、民间赔偿的实际行动，使得德国这个在第二次世界大战中的策源地、失利者在战后很快实现与其他国家的正常交往，不仅赢得了应有的信任和尊重，更"赢得了在欧洲乃至世界事务中真正的外交主动"②。

---

① [德]本哈德·施林克. 朗读者 [M]. 钱定平，译. 南京：译林出版社，2006：149.
② 尚会鹏，徐晨阳. 中日文化冲突与理解的事例研究 [M]. 北京：中国国际广播出版社，2004：25.

关于《面纱》的意蕴解读[①]

《面纱》是英国作家毛姆的经典作品之一。小说名为《面纱》意蕴非常深刻，借一个看似寻常的爱情故事的讲述，作者运用细腻、冷静的笔触展现主人公内心世界的发展变化的轨迹，并巧妙地运用第三人物的评述促使男女主人公彼此重新审视，不仅揭示了社会生活中婚姻、爱情的幻象，更揭示了人性内心深处的面纱。在经历了爱情、背叛与死亡的多重磨砺之后，女主人公最终走上自立的女性精神的觉醒之途。

一、毛姆生平概述

英国作家毛姆被称为20世纪上半期最成功、最流行的作家，也是一个在文学史中备受争议的作家。1874年毛姆出生于巴黎，十岁时母亲去世，失去母爱的他绝少体会来自家庭的温暖。父亲曾是英国驻法使馆律师顾问，毛姆由一个生性冷漠的叔父领养，被送进寄宿学校住读。他在小说《人性的枷锁》描写了由于英语不佳而且口吃，常受同学欺侮，人们往往把该作品视作少年毛姆成长过程中痛苦记忆的真实记录。

[①] 本文发表于《贵州大学学报》（社会科学版）2011年第29卷第1期。

毛姆的写作生涯始于伦敦圣托马斯医院学医期间，在繁重的医学课业之余常常偷暇写作，起初学写自然主义与历史性小说，后来因写剧本而一跃成为闻名遐迩的剧作家，一段时间内伦敦四家剧院同时上演他的作品。毛姆文思敏捷，剧本写作进展速度很快，精于对白的写作技巧使得他后来创作的小说呈现出干净、精练的风格。毛姆博学多才，精通多种文学风格的写作，包括短篇故事、小说、戏剧、侦探小说、散文以及自传等均有涉猎。毛姆始终保持着旺盛的创作激情，直到1958年八十五高龄时才完全封笔。

必须承认，毛姆是一位成功的流行作家，他的许多作品首次出版时就成为畅销书，而且被人们不断地广泛阅读。由于丰厚的畅销书版税收入，毛姆享有优越、舒适的生活，显然是当时一般严肃的小说家难以企及的。从表面看，毛姆似乎容易满足于物欲，实际上他一生从不拒绝从事各种富于挑战性和冒险的活动。在第一次世界大战期间，毛姆曾志愿当了一名救护车驾驶员；而第二次世界大战中，毛姆为英国情报部门工作，并且不领取任何报酬，只是因为感到那是他对国家的责任。毛姆酷爱旅行，曾经在欧洲各国游历，在亚洲各地如中国、马来亚、婆罗岛、萨摩亚岛也留下了不倦的足迹。丰富的人生阅历，广阔的社会视野，大大激发了他的创作欲望，常触动作家以这些地方作为创作背景进行故事铺展，写作的异域风采也成为毛姆作品吸引读者的一个重要因素。

毛姆不仅是当时英国也是全世界享有盛名的作家，然而他和他的作品屡遭误解、备受争议，这一现象在文学史上并不鲜见。尽管毛姆闻名世界，但难以视为"伟大的作家"，声名难与受他崇敬的康拉德和被他蔑视的亨利·詹姆斯相比，评论家批评他缺乏伟大作家所具有的哲学意识。毛姆也曾不乏戏谑地声称自己顶多属于"第二流作家的最前列"，但毕竟心有不甘。毛姆渴望获得评论界的理解和尊重,他曾提出了这样的疑问:"我在等待这样一位批评家,等着他来告诉我:为什么我有这么多的缺点,我的书却仍然在那么多年里被那么多人翻阅?"但事实上,后人逐渐认可毛姆的作品所具有特殊的影响力和吸引力,英国现代文学家格雷厄姆·格林称毛姆为"一位向世人奉献了伟大作品的作家"。毛姆的《人性的枷锁》《寻欢作乐》《月亮和六便士》《刀锋》等著作已经成为世界文学的经典作品。而《面纱》则属于在毛姆的作品中长期被中国读者忽视,但《面纱》在西方国家却是公认的经典作品之一,曾经三次被搬上银屏。

二、面纱意蕴的多维解读

> 这华丽的面纱:啊,人们就管这叫做生活,虽然它画的没有真象……
> ——雪莱《别揭开这华丽的面纱》

小说《面纱》的题目源自雪莱的诗作《别揭开这华丽的面纱》,面纱的意蕴是多重的,既有耽于爱情迷梦的凯蒂幻想的破灭,有面对看似刻板、枯燥的婚姻生活时感情背弃的迷失,还有男女主人公在经历多重磨砺之后彼此的重新审视,面纱不仅在生活中无处不在,更为深刻的是揭示了人性内心深处的面纱。《面纱》是一个看似寻常老套的爱情故事:无爱、仓促的婚姻——婚外情出轨——重新审视发现身边"这个最熟悉的陌生人"。作者对女主人公心理变化发展历程的描绘冷静、细腻,运用解剖刀般精准的笔触刻画着其心理变化的每一步发展轨迹,观察爱情、婚姻以及延伸到当时中国社会的现状，作者的写作功力也由此显现。

从某种意义上说，小说与哲学都是人类面临困境时（物质的、精神的）的一种思考、追求和表达，因此，它们之间必然存在着生存论和世界观上的相似性和相通性。① 小说《面纱》开篇就以女主人公凯蒂面临的困境为开端，向读者展示陷于婚姻危机中的凯蒂的内心世界，这是小说中所揭开的第一层面纱。凯蒂与唐生偷情被丈夫发现后，她在内心惴惴不安、多方猜测的同时，也有一种任由事态发展的"甜蜜而疼痛的滋味"："他说过他会保护她，要是事情越来越糟，那……瓦尔特要闹就让他闹好了。她有查理，还在乎别的么？"② 沉醉于爱情的幻梦中的凯蒂这时对唐生抱有不切实际的幻想。

面纱意蕴之一：婚姻的幻象。男女主人公的结合不是爱情与责任的承诺，不过是迫于家庭、父母、经济条件等外力因素综合作用下的耦合。凯蒂出身于英国一个业务清淡的律师家庭，娇纵、轻浮、虚荣，对于生活充满对爱情的幻想和感性色彩，她的母亲吝啬、精于世故，满心希望给凯蒂找一个职业体面、家底殷实的年轻丈夫来改变自己"一辈子的晦气"。但是凯蒂到了25岁还单身未嫁，她面临的不仅是时光流逝、青春不再的残酷现实，还有17岁的妹妹已订婚的严峻形势，而母亲"毫不留情地给这个迟迟未嫁的女儿脸色看"③，使得凯蒂在家里再也坐不住了。细菌学家瓦尔特仓促、羞涩的表白成了解救凯蒂脱离危机的一根稻草。爱情的面纱同样笼罩着瓦尔特，痴迷于凯蒂的美貌和在社

---

① 刘小枫. 人类困境中的审美精神 [M]. 东方出版中心，1994.
② ［英］W. S. 毛姆. 面纱 [M]. 阮景林，译. 重庆：重庆出版社，2002：12.
③ ［英］W. S. 毛姆. 面纱 [M]. 阮景林，译. 重庆：重庆出版社，2002：18.

交舞会展现的魅力吸引下就匆匆步入婚姻的殿堂。瓦尔特·费恩属于典型的英国刻板绅士形象，是一个不善表达、缺乏生活情趣、热衷于实干的科学家，有着浓厚的理性色彩，对他来说"说比做难得多"。一段无爱情铺垫的仓促婚姻从诞生之初便意味着婚姻基石的脆弱，生性轻浮、虚荣的凯蒂难以抵挡诱惑。出轨，在凯蒂来说，似乎只是一个时间的问题。

面纱意蕴之二：出轨的惩罚。瓦尔特·费恩察觉凯蒂的私情后隐忍不发，他的惩罚具有鲜明的个性特征，没有丝毫缓和的余地：离婚或者同赴霍乱疫区。面对凯蒂的摊牌，瓦尔特提出了自己的离婚条件："唐生夫人乐意与丈夫离婚的同时，唐生愿意在两份离婚协议书签订后的一个礼拜内娶凯蒂为妻"，这个看似不可思议的协议的提出，实际上是瓦尔特看透了唐生的自私、善变、玩弄女性的本性，并借此希望凯蒂能够在真正了解唐生冷漠、怯懦的真实面目后能够幡然悔悟。这种看似严苛的惩罚既是费恩对妻子背叛的愤怒，又带有自虐的倾向，对自己不明智的婚姻充满了沮丧和绝望，但同时读者依然可以感受他对凯蒂深沉的爱。瓦尔特用死亡的恐惧和孤独来惩罚娇纵的妻子，情感的磨砺促使凯蒂从心理上走向成熟，渐渐认识和了解了自己的丈夫。他们的故事之所以感人，在于这段感情照彻了他们心灵的阴暗角落，赋予了他们用死亡审视人性、重新观照生命的机会，从而让他们克服了人性里的卑劣和残酷，最终找到了自我救赎之途。

面纱意蕴之三：第三人的讲述。为控制疫情蔓延，瓦尔特格外忙碌，作家精心设计的人物韦丁顿的出现不仅使最初无所事事的凯蒂有了最好的谈话伴侣，更是承担着为凯蒂揭示人性面纱的重要意义。由于小说中出场人物不多，陌生的国家，霍乱疫情暴发，男女主人公彼此闭锁心灵、绝少交流。而生性率直、言辞幽默机敏的韦丁顿的出现，无异于为困顿中的凯蒂打开了一扇新的窗户。他敏于观察、精于世故，有充裕的时间，有急于与凯蒂交流的热切愿望，他的出现使凯蒂不仅能够打发百无聊赖的时光，而且毛姆巧妙地借韦丁顿之口，使得凯蒂重新审视和思考他人和自我。

首先来看韦丁顿对唐生圆滑、世故、贪婪、自私的本性精彩评价："他深谙笼络人心之道。他有种天赋，让每个遇到他的人都觉得跟他情投意合。对他来说不在话下的事，他总是乐得为你效劳；要是你之所愿稍微难为了他，他也会让你觉得换了谁也是做不来的。"① "在这个世界上他不会向任何人付出什么东西，除了他自己。"② 再如唐生夫人对丈夫的出轨行为心知肚明，不屑地声称"她愿意和查理那些可怜的小情人们交个朋友。不过她们都是些泛泛之流。她说爱上她丈夫的女人永远都是些二流货色，这简直也令她脸上无光。"③ 在这种看似包容大度的表象后，隐藏着她对唐生的轻蔑和那些自轻自贱的女性的尖刻嘲讽。直白的语言，透彻的分析却不失中肯，老于世故的韦丁顿当然也敏感地察觉到这对夫妻的隔膜，甚至直言不讳地质疑："你们到这是不是双双自杀来了。"当然最重要的是韦丁顿对瓦尔特的高度评价："他既有头脑又有个性，这两者能够结合到一个人的身上很不寻常。……如果说谁能够单枪匹马扑灭这场可怕的瘟疫，他就将是这个人。他每天医治病人，清理城市，竭尽全力把人们喝的水弄干净。他根本不在乎他去的地方、做的事是不是危险，一天之内有二十回跟死神打交道。"④

---

① ［英］W. S. 毛姆. 面纱［M］. 阮景林，译. 重庆：重庆出版社，2002：91.
② ［英］W. S. 毛姆. 面纱［M］. 阮景林，译. 重庆：重庆出版社，2002：91.
③ ［英］W. S. 毛姆. 面纱［M］. 阮景林，译. 重庆：重庆出版社，2002：93.
④ ［英］W. S. 毛姆. 面纱［M］. 阮景林，译. 重庆：重庆出版社，2002：100.

除了韦丁顿，作家还精心描摹了一位为宗教献身的修道院院长的形象。她出身名门，举止庄重、仪态优雅，她高度赞誉瓦尔特为阻止疫情扩散所做的一切，把瓦尔特的到来称作是"天堂派来的使者"。凯蒂对瓦尔特的了解正是通过旁者的评价得以深入，促使凯蒂重新审视瓦尔特的温厚与善良，她也正是从瓦尔特全身心的奉献中体会其人格的高尚，反观自身的贪欲与愚蠢而羞愧不已。

面纱意蕴之四：忏悔与自责。"面纱"也同样横亘在瓦尔特的面前，在初遇凯蒂时他为对方的美貌所迷惑，甚至无暇顾及两人个性、情趣方面的巨大反差就步入婚姻，当他陷入这场仓促草率的婚姻危机中既无法原谅自己，更不愿原谅对方，"……当真相豁然摆在他的面前时候，他的生活其实就已经完了"①。凯蒂在不乏诚恳地向瓦尔特忏悔自己的愚蠢行为后，并没有获得到心如死灰的瓦尔特的宽恕，愤怒的凯蒂发出自己的呐喊："因为我愚蠢、轻佻、虚荣，你就责备我，这对我是不公平的。我就是这样被教养大的，我身边的女孩子就是如此。你不能因为一个人不喜欢听交响音乐会，就责备他不会欣赏音乐，你不能强求我不具备的东西，否则对我就是不公平。"② 凯蒂把自己的行为完全归因于家庭教育和环境的不良影响，不仅缺乏对婚姻责任意识的体认，更缺乏自身行为的检点和约束，没有深刻反省为基础的道歉未免失之于肤浅，难以获得瓦尔特的宽恕也就不足为奇了。

当凯蒂毅然走进修道院承担起看护照顾小孩的工作，这份工作让她的精神焕然一新，逐渐走出了懊悔、自责的阴影。但就在这时，凯蒂发现自己怀孕了，但是面对瓦尔特的疑问时，凯蒂不能以谎言相对，她也

---

① [英] W. S. 毛姆. 面纱 [M]. 阮景林，译. 重庆：重庆出版社，2002：122.
② [英] W. S. 毛姆. 面纱 [M]. 阮景林，译. 重庆：重庆出版社，2002：122.

没有勇气向不明真相的修道院院长全盘托出实情。瓦尔特在经过慎重的反复思考后劝凯蒂离开，而凯蒂坚定地选择留下，但是并不意味着两人和解的到来。在凯蒂看来，"虽然他医术高明，大公无私，广受称赞，同时又聪明睿智，体贴周到，她却始终不能爱他"。① 这段独白揭示了凯蒂内心世界的复杂性，对瓦尔特的敬仰并不能转化为爱恋，由敬生爱的感情轨迹在凯蒂是无从寻找、无从把握的，这为后来凯蒂重返香港后重投唐生怀抱的行为打下伏笔。

面纱意蕴之五：苛责与觉醒。成天陷于艰苦而危险的工作中，瓦尔特最终被发现感染了霍乱，临终之际的瓦尔特留下一句"死去的却是狗"的话令人十分费解，不仅是凯蒂，也是读者始终为之纠结的问题。"死去的却是狗"引自戈德·史密斯的诗作《挽歌》，大意为一个好心人领养了一只狗，起初人狗尚能融洽相处，但是二者结怨后，狗将人咬伤，所有人都预料被咬的人将会死去，但是最终人活了下来，死去的却是狗。这句话寓意非常隐晦。而在凯蒂看来，瓦尔特的致死原因并非意外事故所致，而是做实验时故意被感染，"瓦尔特是因为心碎而死的"。在他人眼中高尚、富于牺牲精神的瓦尔特身心俱疲，最终带着苛责离开人世，至死也难以表现出对妻子的宽容、对自己的宽容。

瓦尔特的死直逼一个无法回避的哲学命题：生命的意义和价值究竟何在？任何人都无法抹杀瓦尔特在疫情控制过程中所显现的卓越成就，他的人生价值却不是始终在个人情感的旋流中纠结的凯蒂所能理解的。当余哀未尽的凯蒂回到香港，再次被唐生引诱，之后又表现出强烈自责时，读者既为瓦尔特的死深深惋惜，也为凯蒂的脆弱深深叹息。精神的

---

① [英] W. S. 毛姆. 面纱 [M]. 阮景林，译. 重庆：重庆出版社，2002：169.

觉醒难以抵挡肉体的渴求，面纱掩盖下的真实人性是如此复杂、残酷。而在经历了爱情、背叛与死亡的漩涡中苦苦挣扎后，最终凯蒂选择离开唐生，开始自己的生活，回到英国后选择与父亲远赴异乡，共同抚养女儿，她发出的心愿是让女儿成为一个自由、自立的人，"一个无畏、坦率的人，是个自制的人，不会依赖别人"①，则标志着经历了太多坎坷之后的凯蒂终于走上自立的女性精神的觉醒之途。

三、《面纱》写作风格评述

《面纱》文学风格鲜明，小说总体布局巧妙、疑念迭生，作者用不老套的手法讲述一个老套的故事，最后引出的是不老套的结局，充满变数的情节推进引人入胜，却又有其内在的合理性。小说出场人物不多，性格描摹准确，语言精练明快，人物对白充满了毛姆式的哲理和智慧的光芒。

如修道院长告诫迷茫的凯蒂："安宁，在工作中是找不到的，它也不在欢乐中，它也不在这个世界上或者这所修道院中，它仅仅存在于人的灵魂里。"② 当见到凯蒂主动承揽照顾修道院的孩子的任务，与孩子们游戏嬉闹的时候，修道院院长不由自主地赞叹凯蒂的美貌："美丽是上帝赐予的礼物，最罕见、最珍贵的礼物。如果我们幸运地拥有美丽，就应该心怀感激，如果我们没有，那么就应该感谢别人的美给我们带来了愉悦。"③ 对美好的事物、美丽的人持由衷的欣赏姿态，并毫不吝啬地给予赞美，没有丝毫阴郁的妒羡，这是怎样的一种睿智与包容的心

---

① ［英］W. S. 毛姆. 面纱［M］. 阮景林，译. 重庆：重庆出版社，2002：230.
② ［英］W. S. 毛姆. 面纱［M］. 阮景林，译. 重庆：重庆出版社，2002：128.
③ ［英］W. S. 毛姆. 面纱［M］. 阮景林，译. 重庆：重庆出版社，2002：138.

态。而在瓦尔特死后，洞悉一切的修道院院长与凯蒂的临别赠语更是意味深长："唯一弥足珍贵的对责任的爱，当爱与责任合而为一，你就将是崇高的。你就将享受一种无法言表的爱。"

再如唐生与凯蒂摊牌时，"真诚地"为自己的行为进行辩护："当一个男人爱上了你，他说的话是不能字字当真的"，并且声称"当时是真心说的"①。露骨的爱意表达看似发自肺腑，实际上不过是信手拈来、自娱娱人的笑话，经不起现实风浪的任何轻微考验，爱情的"真实谎言"迟早终会破灭，其恬不知耻的丑恶嘴脸暴露无遗。就某种意义上来说，恐怕是对耽于爱情幻想的年轻人最好的教科书。

小说以20世纪中国湄潭府为背景，但不容否认，小说存在写作视野狭窄的问题：《面纱》尽管涉及了半殖民地半封建社会下中国与西方列强的关系问题，中国民众普遍抱有对于西方洋人们采取的敌对、拒斥的态度，却很难从书中领略这一时期风云激荡的社会冲突现实以及东西方文明激烈碰撞的描述；另一方面，当我们看到瓦尔特医生来到疫情重灾区，通过大量艰苦的工作，有效地控制疫情并最终殉职，地方教堂的修女们对那些无依无靠的孤儿们照料收养，不可否认，他们这些举动中或多或少都有些许利己的成分掺杂在其中，但我们从中仍能感受到人道主义精神的体现，小说对于特定历史背景下人物命运的深切人文关怀提升了小说所具有的思想深度。

---

① [英] W. S. 毛姆. 面纱 [M]. 阮景林，译. 重庆：重庆出版社，2002：193.

生活杂感篇

见字如面：两代人与《世界知识》的故事

对于很多人来说，《世界知识》是目前中国国际关系研究领域的具有国家代表性的权威出版物；在我年少时的记忆中，《世界知识》则不止于此，它还是一本让人倍感亲切的期刊，是不擅情感表达的父亲陪伴我成长的温馨记忆。

20世纪70年代中后期，一个文化饥渴的年代，自己正处于对文字阅读发生强烈兴趣的时候，最大的愿望就是把自己能找到的图书都读个遍。经济拮据的家里藏书极少，有像《欧阳海之歌》《红岩》等一类时代印痕特别明显的小说，也有像《毛泽东诗词鉴赏》之类的书籍，那是在大学中文系任教的舅舅送给母亲的生日礼物。父母收入微薄，当时的家境至今想来依然令人揪心。一次妈妈因营养不良突发低血糖，家里甚至找不到一块红糖，只能向邻居去借。父亲素来生活简朴，不嗜烟酒，他始终对国际形势有着强烈的关注兴趣，自费购买了不少《世界知识》期刊。而教师出身的母亲对父亲购买期刊的花销，从无怨言。我常看着在父亲业余时间，坐在书桌前的藤椅上一人静静地阅读。而我对《世界知识》的最初印象，是被几乎每期必有的生动漫画深深吸引。我至今依然清晰地记得，见到我喜欢看《世界知识》中的漫画，平日言语不多的父亲欣然让我坐在他的膝盖上,给我讲解其中一幅反对美国卷入越战漫画的情形。也许就是在那时候,培养起了自己对国际关系的初始兴趣。

而今,尽管年逾八旬的父亲视力大不如前,对国际形势的关注依然不改,阅读期刊显得很吃力了。我们共同的爱好是挑选期刊里的文章给父亲诵读,可惜由于工作的忙碌,这样共处的静穆时光似乎太少。父亲爱好整洁,时时在家里进行旧物清理,而对《世界知识》等一些期刊始终不忍丢弃。由于时间久远,期刊的纸张已经变得脆硬、发黄,显得颇有些陈旧,父亲细心地把杂志捆扎得整整齐齐,规规整整地放在卧室的一角;我也不忍丢弃,一方面考虑尊重老人的习惯爱好,另一方面深感这些旧物承载了自己少年时的温馨记忆。我们都愿意让这些期刊继续陪伴我们的生活。

大学毕业后,自己成为一名高校思想政治理论课教师,屈指算来,从事"形势与政策"课教学也有27年时间了。对于我,《世界知识》是不可或缺的提升职业素养的好帮手。作为《世界知识》的常年订户,《世界知识》成为自己放在案头、枕边随时翻阅的专业读物。对于一本有着较高学术品位的期刊来说,无论是当前国际形势的热点问题分析解读、重点问题的历史纵深剖析,还是新时代中国特色大国外交的新进展、新成果的评介,都有一种强烈的理性、平实,严谨、客观而不失可读性的特质。《世界知识》登载的文章绝少深奥晦涩的表述,每一篇文章篇幅适中;专栏设计有期刊自身的特色,既有立足国家发展宏观战略的中国周边、世界态势、中国与世界等专栏,也有充满个性表达的"个体视角",俯仰之间,既有对国际风云变幻的宏阔解读,也有个性化视角的细致观察和体悟,实实在在地提升了对期刊的阅读兴趣;《世界知识》的内容每期干货满满，12元的价格显得亲民、质朴、低调。就期刊纸张而言，与儿时的记忆相比，显然精致了很多，但每每阅读《世界知识》，对纸质读物的亲切感依然没有改变，开卷有益的惊喜感依然没有改变。

每当期刊到手后，自己的阅读惯例必然首先翻看目录，对一些与教学相关的内容一读再读、反复咀嚼，如何把国际关系领域理论研究的最新成果转换成教学语言，增强学生的获得感、价值感，是自己时常思考的问题。"形势决定任务，行动决定成效"。就"形势与政策"课程教学而言，学理阐释本身并不是目的，最根本的要旨在于实现对当代大学生政治立场的价值引领，在培育学生世界眼光的同时，对照习近平主席在2019年3·18讲话中的指示精神，思想政治理论课教学要在学生的内心厚植爱国主义情怀，激扬学生的爱国情、强国志、报国行，并自觉融入坚持和发展中国特色社会主义事业、建设社会主义现代化强国、实现中华民族伟大复兴的奋斗行动之中。高校思政课教师身负着党和国家的重托，看似平凡，实则艰难繁重。回顾二十多年的教师生涯，自己始终坚持这样的自觉意识，那就是注重学术积淀，加强教学反思，不断省视、修正自身教学过程中的问题。"触动心灵的教育才是最成功的教育"，浇花浇根，育人铸魂，高校政治理论课教师自身要具备扎实的理论学养、守正的道德修养、厚重的文化素养，同时要注重磨砺语言表述技巧，努力将抽象深奥的理论观点用具有时代气息、符合青年心理需求、契合课堂教学内容的语言表述出来。基于敢于不断质疑、勇于自我否定的教育理念与实践，在某种意义上促进了自己职业素养的提升，曾多次在教育部、教育厅举办的各级各类教学比赛中获得佳绩，先后被云南省教育厅授予云南省高校"最美思政课教师"、"思想政治理论课教学名师"等荣誉称号。

  在教学工作中点点滴滴的进步与成长，必须感谢学校及部门领导的提携、同事的助力，更应该感谢《世界知识》多年以来的陪伴。尽管素无机缘与《世界知识》的编辑、论文写作者谋面，但数十年来无声的文字交流、思想的升华和情感的传递令人感触至深。《世界知识》见证了我们的国家从世界舞台的边缘走近、走向世界舞台中央的历史性变迁，也见证了我们这样一个寻常人家生活水准的提升和改善，更见证了个人从懵懂无知的少年到学有所成，从高校"青椒"到具备一定教学经验的教师职业成长与精进的历程！

电梯里的高邻们

　　几年前搬到这个有着高档社区之称的小区，心里或多或少地有种莫名的虚荣感，每每逢人问及家庭住址，自豪得声气都大了很多。由于生活、工作节奏的差异，和高邻们的相遇多在电梯里。电梯与邻居相遇真的是件有意思的事情，在狭窄的空间，仅从眼神的交流很容易就能区分出感情的距离。

　　挺喜欢那个总是笑意盈盈的东北女子，看到这样的女子你会感受她的生活幸福指数。她是那种不捯饬好自己不出门的人，精心修饰过后的妆容，那是经常处于爱的滋养中、也善于关爱别人的女人所特有的习惯。我喜欢和她的交谈，彼此都很放松、随性，有时短些，有时话没说完，就到了她家的楼层还不忍告别，不免按住电梯开关再聊上两句。

　　上海老先生很可爱，个子挺高，身体很瘦，一副黑框眼镜，斯斯文文，经常一个人独来独往。见到我们一家集体出行就来个集体称扬，先夸孩子漂亮聪敏，接着到老公夸事业有成，轮到我就是气质容貌的最好结合。语汇丰富、用词文雅，句句赞语发自肺腑，让人听了，想不高兴都难。心里乐开了花，嘴里连称哪里哪里。没办法，国民心理作祟啊。

　　楼上一家，常见的是女人带着一个上小学的女孩，接送、买菜，一个人打理，偶尔看见一男子阴沉着脸陪同散步，如赴会一般神色庄严。即便如此，一年中难得有两次。也许女人独立支撑不易，面部轮廓坚毅，见人表情木然。女孩长得很安全，眼镜下苍白的小脸，见人时也是一样的木然表情。当妈的显然是照着淑女风范来培养，几年来琴声不绝于耳，让邻居们享受了免费的音乐技能熏陶。突然有一阵子音乐成为恼人的噪音，小孩大约是不需午休的，可我们不行。隐忍数日，终于决定不复隐忍。只能上楼申请改一下练琴时间了，尽可能轻言细语，尽可能和颜悦色。当时瘦女人砰地一下把大门砸上，我想大约今后只会看到她更加木然的表情了。

  一天回家，走过长长的通道，到了电梯口竟是表情木然的母女俩，一时很是犹豫，但是小女孩按住了电梯开关想要等我的样子，那一份凝重竟然让我有些感动。跨进电梯后，正准备开口以致谢方式打破僵局，不意之中，木然表情的妈妈摸着小孩的头冷冷来了一句：看错了，是不是？一时语塞，顿有狭路相逢感，本想正言以告：大家都向孩子学习学习吧！

  要说享受的，可能是和老外遭遇。当你进入电梯，不同于陌生人惯有的回避或躲闪，深深凹陷的眼眶，友善的眼神直视着你，眼光流转，生涩的汉语：你好！不能不让你产生亲切感。电梯在瞬间成为汉语角，老外好学的精神打动了我，也使我惭愧，学了多少年的英语也是哑巴英语；更打动我的是那种端正的体态，双手紧握垂下腹前，会让你觉得那份由衷的尊重。

  但如果到了晚上，周末，或许不是周末，说不清什么特殊意义的日子，一切都变了。夜晚十一点、十二点、一点，楼下持续传来一阵阵尖叫声、起哄声，清晰得如同在耳边响。躺在床上来回煎熬无果，只得亲自登门问候，找保安、找物管，每次敲门要等待很长时间，出来仍然是一连串生涩的汉语"对不起对不起"，然后轻轻地阖上门。满心感喟中国真的是实力强大了，关乎民生问题的重大国际交涉竟是如此轻松、顺利，心头一阵窃喜。上得楼来，躺到床上，才发现一切照旧。喧闹的节奏没有任何变化，沉默几十秒后爆发出持续的尖叫、掌声。这个时候，我能做什么呢？我奇怪，电梯里常见的国际友人的那份谦恭、礼让，在夜深人静的时候竟会演化成如此这般？

冰火两重天：美国人运动面面观

关注自己的形体，似乎是当下这样一个眼球经济时代的必然现象。在中国，我们经常可以看到年轻人身形轻盈、身材匀称，似乎没有一丝多余的赘肉。而一旦到了大妈、大叔的年纪，就常会出现较为普遍的体型臃肿问题，这就是中年人常见的油腻问题。美国这个号称世界最发达的国家，是胖子比例最高的国家，也当然地拥有了世界上最多的胖子。我知道好几个在国内常年为自己体重发愁的胖子朋友，到了美国就瞬间找到了前所未有的民族自信。最经典的一幕发生在奥特莱斯商场里，一个为自己一身肉肉困扰多年的中年朋友连声惊呼："一辈子没穿过 S 号的衣服，在美国终于穿上了！"他说话的时候，因为激动、开心，连声音都变了。

胖子之所以胖的原因之一，无外是摄入大，胖子大多是吃货出身。本来西餐中的汉堡、三明治、比萨饼就是典型的高热量、高脂肪、低纤维的饮食，而胖子们往往食欲惊人，无论是电影院、博物馆、环球影视城，抑或黄石国家公园，总能看见胖子们手捧爆米花、薯片、汉堡大吃大嚼，大有一种不把自己吃得再胖一点绝不罢休的悲壮与决绝。胖子之所以胖的原因之二，在于不爱运动。在运动场、健身房里常见那些健硕、颀长的身影，极少看到胖子闪亮登场。偶尔见到胖子在健身房的出现那就特别令人关注，一个美国白人胖妞妞，目测体重至少在160公斤以上，她踏上跑步机的步伐极其缓慢，而她在跑步机上的步伐还比不上我们平日的散步。胖妞妞在跑步机上，脚下的步伐非常缓慢，但是手指的运动速度异常快捷，我无端地猜测是通过朋友圈发布运动消息吧。因为在我看来，显然胖妞妞来一趟健身房，感兴趣的并非体脂减少、体能提升，而是指尖的运动，因为她手指的运动量远远超过身体的其他部位。

不能只怪胖子缺乏自我控制的意志力。在美国这一个胖子遍地的国家，催生胖子的因素似乎无处不在。超市里常见的饮食包装规格着实吓人，餐馆里的冰水、可乐都是大瓶包装，汉堡、奶酪的包装量极大，而且越是包装量大的食物价格相对就越合算。精明的消费者难免不上更精明的商家的道，往往在超市里买那些数量多、价格优惠的大包装食物，而带回家后必然继续多吃，如果缺乏运动的话，势必造成肥胖。在美国培养胖子的氛围如此浓厚，想不当胖子，那就需要个人的坚毅品质来抵御各种催胖的诱惑和陷阱。

和部分美国胖子爱吃不爱动形成对比的是，一些美国人疯狂地热爱运动，运动是他们的生活方式。我们常常看到，在北美平原灼热的阳光照射下，在公路上不知疲倦地奔跑着体形精瘦的男子或女子，汗水早已把运动衣裤濡湿，他们全不在意，继续奔跑。我也在酒店健身房里看到身材健硕的黑人哥哥，一眼即知那是长期坚持运动的结果。他选择不同重量的杠铃，兴致勃勃、换着花样比划各种动作，对全身的肌肉群进行了一个半小时的、扎扎实实的锻炼，最后心满意足、大汗淋漓地离开。

我曾经在湖边的森林小道感受美国人对运动的热爱。这实在是一个适宜运动的场所，两旁绿树成荫，湖水缓缓流淌，优美安静，阳光穿过茂密的树叶，斑驳的树影投射在地面上。阳光暖暖的，在这样的环境中，不要说是跑步，就是悠闲的散步，迈出的每一步似乎都是美好的享受。森林公园的小道里有各色各样的运动爱好者，观察运动的人也不失为一种享受：有满含亲情色彩的一家人的集体奔跑，同时伴以热烈地相互鼓励和支持；也有那种夫妻二人的和谐前行，那就是且行且珍惜吧。跑步常被称为"孤独者的运动"，更多见的是一个人的运动。常年坚持运动的人大多身材匀称，肌肉线条清晰，奔跑体态优美，动作规范合理，令人赏心悦目。很多人步伐轻松，轻轻巧巧要从你身旁经过的时候，必然非常客气地招呼一声"Excuse me"。这时，就会看到运动短裤紧紧黏在腿上，那种汗水不断从脖颈处流下以致衣衫湿透的背影，依然在往前跑。有的人尽管面部无法抵御岁月的侵蚀，看上去至少七十多岁，满脸沧桑还在坚持跑步，即便是大汗淋漓，也少听见那种呼哧呼哧拉风箱的动静。运动是抵抗时间魔力的法宝。美国老年人的心态确实非常年轻，他们看起来很乐于、也很擅长去挑战那些在我们看来是年轻人的运动项目。印象最深刻的，莫过于一个女子，一边手推婴儿车，一边小步跑步的情形，尽管孩子还在含着奶嘴，但似乎不影响她运动的热情。这确实是一举两得的办法，在实现自己运动健身计划的同时，捎带完成看护孩子的任务，不用为把孩子放家里的安全提心吊胆，也让在婴儿车里的小孩早早体验了运动的快乐。

最享受的运动时光，是在经过一个小时左右的跑步结束后瑜伽放松时间。每一个动作由于心境的平和而敢于放心去做，参天大树下，平整的土地绿草青青，满眼绿意盎然，每一个动作都尽可能舒展到自己的极限，而动作到位之后，每一个动作持续数十秒，汗水顺着头发，恣意地一滴滴落到脚下的草丛中。看到自己制造了小小的一块"盐碱地",愧疚中,意想不到的是一种前所未有的、人与自然和谐共处的美感油然而生。突然想起过去练习瑜伽时,老师常说的从天地万物中吸取能量,达到养护身心的境界。自己一直不能领悟究竟是什么样的感受,今天才第一次有了这样的体悟。我默想,一定是体内的多巴胺分泌增多的必然结果啊。

走马观花看美国

——美国公路文明侧记

西方有句俗语：到过一天的地方可以说上一辈子，住了一辈子的地方连一句话也说不上。由于在美国停留的时间短暂，未免浮光掠影，肤浅片面。美国是一个名副其实的车轮上的国家，公路网四通八达平坦开阔，道路规划科学合理，交通警示牌清晰，加上美国人行车文明、规范意识极强，再加上车况、路况、沿途风景绝佳，驾车出行实在是一个不错的旅行选择。

在美国这样地域辽阔的国家，租车是最方便的出行方式。由于购车成本低，一个家庭拥有三四辆车的情况并不少见。因为地域辽阔，遇到出行，倒不是随时都能开自己的汽车的，这便刺激了美国租车业的发展。美国的租车业非常发达，大大小小租车公司不少，很多美国人都采取租车出行方式。在前往异地前，可以通过网上提前预约确定租车事宜，下飞机后，租车公司就在机场旁边，可以直接办理提车。拿到车钥匙后，立马根据导航开车直接奔景点，尽情游玩。而在旅游行程结束后，就在机场还车。在交还租车前，必须把汽油加满。如果不加满，租车行可以通过信用卡直接扣钱。当然，如果由租车行来加油的话，油费就高出了不少。这样看似不起眼的细节，一方面可以感受到美国人工成本较贵，尽可能减少人工服务的费用；另一方面，通过租车加油这样的方式，无形中有助于提升培养方便他人、服务他人的理念。在美国的异地出行过程中，租车旅游是最便捷的途径，实现了真正意义上的无缝联接。

一般而言，美国公路上的车辆行驶限速标示非常清晰醒目，在学校区附近要求 15mile（英里），在社区要求限速 25mile，在市郊地带速度限制在 45mile，一般 high 速度限制在 70mile，除警务车辆、急救消防车辆外，所有车辆不分大小、车型一律严格遵守。也许是由于采用不定点罚款，且罚款金额巨大的缘故吧，培养出了大多数美国司机良好的驾驶习惯。我们看到的车辆多遵章行驶，没有在中国很多地方常见的后面车辆频繁闪灯提示超车，甚至被强行并道超车的压迫感，驾驶真正成为一种乐趣。尤其是在交叉路口等待对方车辆通过的时候，司机一般会微笑点头、挥手示意，这种对陌生人谦让、友好的姿态，让人倍感温暖。

美国非常重视生态环境的保护，在公路行驶的过程中就可见一斑。从犹他州到内华达到怀俄明州，美国州际公路的景色可谓美不胜收，广袤辽阔的田野异常平整，令人陶醉。大自然像一个不断变化的美丽图板，向人们展示着令人惊艳的景致，令人不得不感慨，美国真的是享有得天独厚的、优越的自然条件。而在佛罗里达州一号 South 公路，沿途公路平整，在灼热的阳光下，湛蓝的大海，沿途葱郁的树林，由于视野极为开阔、清晰，抬眼便似乎可以望到公路的尽头、天际的尽头，海天相接的公路连接上各个小岛，来往车辆穿梭不息，可以轻松地捕捉到那种远望一辆辆汽车消失在天际的空旷。黄石公园的道路上尤为漂亮，公路道路平整，风景设计充分保障游客的观赏需求。每一处道路设计都适合满足游客心理，因为闸道设计合理，加上游客遵守交规意识特别强，所以行驶的过程中规范，给人极强的安全感、舒适感，似乎唯有如此方才不辜负眼前这么好的公路，这么美丽的风景。在行程中，曾经看到一辆房车在前面行驶，由于载重大、车速慢，但是后面尾随的车辆约有百八十辆，排起的长队足有两三公里，亦步亦趋、紧紧跟随，足足有二十分钟，没有一辆车按喇叭，也没有一辆车试图超车，这在中国似乎是不大可能的事情。最后，房车司机终于找到一个可以停车的道路旁，主动让出车道。在经过该车的时候，才发现房车司机是一个看起来约有七八十岁的老先生，似乎也没有一些人在国内惯见的对司机投去鄙弃一瞥的异样眼神。

　　美国老人的生活状态显然与中国老人差异太多，真是不服老、不显老，沿途总会碰上年迈的 rider（骑行者），骑着哈雷摩托车结伴出行，车体宽大，霸气十足。加上 rider 多是六七十岁的老头，大多喜欢蓄须，长长的一把银色胡须，健硕的体格配上夸张的黑色牛仔背心，车后往往坐着皮肤松弛的、烈焰红唇的妻子，队形集中、速度快，一串摩托车队在车流中格外醒目，在阳光的照耀下闪闪发光，真的是很拉风。

　　在美国自驾行程中，我们能够看到一个善于治理的社会管理模式，一方面政府能够制定出的严格、合理的交通法规，另一方面人们发自内心对规则的敬畏与行为表现上的严格遵守。尽管赴美时间短、行程不长，已经给人留下深刻的印象。我想，也许正是源自每一个人对规则的尊重与服从，每一个人就得以充分地享受着行车规范带来的秩序感和安全感。在澄澈碧蓝的天空下，人与人之间表现出的谦让、友善，人与自然和谐共处何尝不是一道美丽的公路风景？

猫　逝

小公举，一只普普通通的小猫，没有身出名门的高贵血统，黑白毛色相间，由于颜色分布得别致、合理，所以它显得非常恬适、可爱；它天性安静，不大活泼，也许由于身体单弱的缘故，极少欺侮别的小动物。它敏感，敏于观察主人的举动言谈的细微变化；它乖巧，在家里绝少有破坏性的举动。女儿对猫咪格外宠溺，仅从名字就可见一斑，Princess，女儿是父母心中的小公主，它是女儿心中的小公举，因此，它是公主中的公主。

每次与女儿视频聊天，每每都会说到小公举的话题。也许因为对女儿的疼爱无处释放，总在担心远在异国的女儿单薄、瘦弱的身体，让人产生无限的想象延伸，伴之而来的是延绵不断的担忧、牵挂，每每看到针对远在异国的亚裔女性犯罪的媒体报道，自己总是坐立难安、夜不成眠。爱屋及乌，的确是这样，习惯了公举的存在，习惯了想象在漫长的冬日里，想到女儿因为有公举的守候、陪伴而变得有一点点的宽心，毕竟，在女儿的身边有一个小小的伴侣。猫咪不会因你的社会地位、经济收入、职业声誉而选择亲疏远近，一切可能在人与人之间引起隔膜与距离的东西，在猫咪这里并不存在，它就是这样简单地依从、顺遂，依恋你，陪伴你。虽然它如此弱小，远远不足以保护女儿，但对女儿来说至少是一个实实在在的、亲昵的陪伴。

　　但是没有想到的是，一年的陪伴，一个小小的生命，似乎都经不起任何可怕疾病的折磨。女儿对小猫的宠溺无处不在，尽管功课紧张，自己很少下厨，却乐于给它做好吃的；国内双十一的购物狂欢，女儿少有给自己买衣服，却专门给它买动物洗浴用品。为了猫咪，女儿愿意去做。回国期间，女儿为把公举托付给朋友，不惜开车三小时去密歇根，还要朋友每天发微信看看公举近况如何？还是第一次听说一只小猫吃了鱼罐头会过敏，可见中国人的那句老话"天下没有不吃腥的猫"，在小公举这里，似乎不能成立。公举的病弱，其实在领养后不几天就发现了。因为眼睛的感染，似乎都已经睁不开了，当时还担心毫无经验的女儿似乎是被美国人骗了，公举看起来像一只瞎眼小猫。所幸的是，小猫恢复得很快，炎症消除后，食欲很好，以致看到女儿发来的照片，觉得公举迅速长快、长胖了。

　　女儿常常喜欢在家里的微信圈里发上一段视频、一张照片，我们就有了一些关于动物的琐碎观察和认知。看它那么乖巧地跟随女儿、黏着女儿，在女儿专门买的猫树上安静地趴着，看到随着女儿出访朋友，被别人家里壮硕的大猫逼到柜子角落里的委屈，都不由让你从内心滋生一种怜惜、一种疼爱。最令人难忘的是，女儿曾经发来一张照片：因为考试复习压力过大，释放压力的办法似乎就是在考试结束后美美地睡上一觉。女儿贪睡多时，长时间没有打开自己的房门，小公举伸进女儿屋里的小爪子。这只小小的爪子从房门底端探进屋子，有着多重含义，有委屈，有抗议，还有一种热情的友谊提示，它在提醒女儿：你忘记了我吗？我要和你玩啊！

从未养过小动物的我，没想到通过跨越太平洋的视频，竟然我们的话题变得如此丰富，让平生以来一直惧怕小动物的我会如此关注一只小猫的命运。本来以为时间过得如此漫长，长长的日子大大的天，我们和女儿之间的相聚、陪伴、相守变成一种奢侈。而公举厄运的来临却令人猝不及防，猫传染性腹膜炎，这种始于冠状病毒感染的疾病异常可怕，是喵星人的绝症，死亡率高达95%，多发于四岁以下、群居的小猫。如此可怕的词语，我实在无法想象竟然意味着，小公举，这么一个弱小的生命居然这么快就到了尽头。

和女儿视频时可以看到奄奄一息的小公举再没有往日的活力，趴在篮子里，微闭的眼睛四肢瘫软无力，它没有什么求生的欲望了，听到女儿的呼唤，也是勉强睁开眼睛，很快又无力地闭上。细细小小的胳膊，因为检查、治疗的需要，给剃掉了整整一圈毛，就像戴了一个小手套一样。女儿说它的体重这两天一下子减轻了一公斤，这对于一个小猫来说，无疑是生命力的极大损耗，它吃不下药、吃不下东西、喝不了水，甚至吞食猫砂。在兽医院的检查治疗似乎情况还好，到了家里，竟然全然变了。这是它的家，它也许意识到不再需要掩饰，也不想再掩饰病态，不再表演强壮，它只静静地趴在那里。猫是一种多么不可思议的动物，它是已经预知到自己时日不多，就是这样静静地度过生命最后的时光吗？心里只剩下默默地祈祷。如果一切都无法改变，那就让小公举没有痛苦地离开吧。

此前女儿还商议要把小猫带回国内呢，我们从来就没有养过猫咪的经验，而像我这样对猫咪莫名恐惧的人来说，还真的是不知道怎样应对一只猫的到来。早些年三鹿奶粉事件的曝光，始于进口到美国的猫粮、狗粮里检测出的三聚氰胺。美国人百思不得其解，狗粮、猫粮里为什么会有三聚氰胺的存在？以至于后来，加拿大某品牌的猫粮广告中公开声称其原料不是来自于中国，引起了中国网民的极大不满。我们这里似乎不是动物的天堂，小区经常可以看到流浪猫的身影。当然，也有爱心人士经常在小区给猫咪投放食物。我家可能也不是猫咪的天堂，我甚至没有想好在家里怎么安顿它的时候，就满心盘算着家里的剩菜剩饭是可以喂猫的。

　　一个小小的生命，曾经那样灵巧地在女儿的身边跳跃，曾经独自一个静静地观望着落地窗外的世界。无论如何，我不希望公举离开，我愿意看它轻轻偎依在女儿的脚边，安静地趴在一边看女儿学习、做事。最近一段时间，只要有空，我就不断增加和女儿的视频要求。其中，有对女儿的疼爱，也有对公举的关切。我在一次和女儿的视频里连续三次要求看看公举，几乎不敢相信几天前一切都如常的猫咪变得如此脆弱、气息奄奄，生命的活力似乎正在无情地一点点离它远去。我的泪水竟然止不住地流下来。

　　小公举在用它的生命故事给我们演绎一堂深刻的生命教育课程。喵星人的寿命短，动物的生命似乎就是人的生命历程的一个浓缩体现。人类也是一样，哪怕是最依恋、最挚爱的生命的陪伴，最终都有面临分离的一天，一如我们最终都将离开这个无比眷恋和热爱的世界，那些深深地眷恋着我们以及我们深深依赖的生命，无论彼此，最终都将无奈地面对生命的无常，易逝，脆弱。如果一切注定无可挽回，如果注定了生命中有这样的安排，让我们学会坚强、学会理性地面对，生命就是一个不断体验惊喜，同时必然伴生着挫折与伤痛的过程。我们无法选择逃避死亡，一如我们无从选择生命，就在我们有幸感悟这个喵星人曾经给予的亲密、信任的心理感受时，也许就注定了最终体悟与它最后告别的心理剧痛。由此，我们应该在享受生命的历程时，更充分珍惜生命的分分秒秒，尽兴享受生命赐予的盛宴，坦然面对人生的所有生死盛衰，让有限的生命变得丰盈、快乐、有价值。

后　记

据说，古罗马人建有两座圣殿：一座是勤奋的圣殿，一座是荣誉的圣殿，他们在安排时有一个特别的顺序，就是必须经过前者，才能到达后者。这确实给世人一个深刻的警醒：勤奋是通往荣誉的必经之路，那些企图通过走捷径，绕过勤奋而拥抱荣誉的人，最终还是被关在荣誉大殿的门外。

世人大多渴望荣誉和成功的光环，但与相对较难掌控的荣誉和成功相比，我感觉更能掌控的是自己。一线从教近三十年，其间教学任务的繁重、个人对待教学工作过度认真的惯性，各色各样工作、生活中琐事的纠缠，时间就这样轻飘飘地溜走了。突然惊觉时间的流逝是一件残忍的事情，于是决意盘点这些年的些微成果，是为清零，让一切回归到起点。在每一个可能的安排中，将时间、心血和精力倾注到读书、思考、写作上，成为唯一可行的选择。在内心深处，始终怀有一种对学术研究的敬畏与尊崇。文字的积累不可谓不艰苦，甘坐冷板凳的精神是必须的，我也竭力尝试打破浮躁的心态，以一种更沉静的心态去做一些自己力所能及的研究。这次出版的文稿，已发表的论文均已进行标注，也有部分未发表的论文，还有少量日常生活的观察与省思；文稿多是独立撰写，与人合作的均标注出第二作者；说来还是有"敝帚自珍"的感触，更有激励自己继续前行的意味。在交付编辑审核之后，有一种如释重负的感觉。

  一本书稿最终得以出版，为之付出心血的人很多，编辑老师默默的奉献，给予过自己大量支持、帮助过的领导与同行，渐渐老去的父母始终关注着我工作中点点滴滴的进步，家人始终如一的鼓励与陪伴，研究生李阳阳参与两篇文稿的写作过程中显现出端正向学的态度，李宗恩在文稿校对方面表现出的一丝不苟，邱笛参与了书稿校对的任务，在此一并致谢！由于时间、精力、自身水平的局限，文稿中难免错漏、错误之处，恳请专家、同行和读者批评指正！

刘小勤
2021 年 4 月